WIZARD

アシフ・スリア[著]
長岡半太郎[監修]
山口雅裕[訳]

by Asif Suria

イベントドリブン投資入門

市場を上回る
パフォーマンスを上げる
6つのスペシャル
シチュエーション

Pan Rolling

The Event-Driven Edge in Investing : Six Special Situation Strategies to Outperform the Market Hardcover by Asif Suria

Copyright © Asif Suria

Originally published in the UK by Harriman House Ltd in 2024, www.harriman-house.com.
Japanese translation rights arranged with Harriman House Ltd., Petersfield, UK, through Tuttle-Mori Agency, Inc., Tokyo

監修者まえがき

　本書は、テクノロジー分野における深い専門知識を有し、合併アービトラージ、スピンオフ、インサイダー取引、自社株買い、SPACなどのイベントドリブン戦略を専門とする投資家であり、同時に起業家でもあるアシフ・スリアによる『The Event-Driven Edge in Investing : Six Special Situation Strategies to Outperform the Market』の邦訳である。本書は、イベントドリブン戦略を体系的に分類し、その理論的背景と実践的な事例を示したものであり、機関投資家のみならず個人投資家にとっても極めて有益な指針となる。

　イベントドリブン戦略とは、企業の合併や経営陣の交代など、特定の企業が直面する重要な出来事に着目し、それに伴う価格の変化をとらえて収益を追求する投資手法である。これは一種のアービトラージ取引であり、市場全体の動向に左右されにくいという大きな強みを有する。そのため、伝統的なロングオンリーのポートフォリオ運用と組み合わせることで、投資戦略の分散を図るうえでも極めて魅力的な選択肢となる。

　本書では、以下の6つの主要なイベントドリブン戦略を取り上げ、それぞれの戦略がどのような市場環境で有効に機能するのかを詳細に解説している。

1. **合併アービトラージ**　企業の合併・買収に伴う取引機会を活用する戦略。
2. **インサイダー取引の分析**　企業内部者の売買動向を投資判断に

生かす手法。

3．**自社株買い**　企業が市場で自社株を買い戻すことによる影響を利用。

4．**SPACS**　SPAC（特別買収目的会社）を活用して迂回上場する投資戦略。

5．**スピンオフ**　企業が事業の一部を独立させるときに生じる投資機会。

6．**経営陣の交代**　新たなリーダーが企業価値に与える影響を見極める。

イベントドリブン戦略は、リスクをいとわず、綿密な研究と論理的な分析を重ねる投資家向けの手法である。これらの戦略は、単なる市場の動向予測といった不確実なものに依存するのではなく、企業が直面する具体的な変化を基に判断を下す点に大きな特徴がある。そのため、経験を積み、事例研究を重ねることで、投資家は戦略の精度を高め、より優れた成果を得ることが可能となる。本書は、投資を知的なゲームとして楽しみたい読者にとって、貴重な示唆と洞察をもたらす1冊である。

最後に、本書の刊行にあたり、以下の方々に深甚なる感謝の意を表する。山口雅裕氏には、精緻かつ正確な翻訳を手がけていただいた。阿部達郎氏には、丹念な編集・校正を施していただいた。そして、本書の出版を実現してくださったパンローリング社の後藤康徳社長にも、心より御礼申し上げる。

2025年2月

長岡半太郎

目　次

監修者まえがき ……………………………………………… 1

序文 ………………………………………………………… 7

はじめに …………………………………………………… 9

第1章　イベントドリブン戦略 …………17

第2章　合併アービトラージ …………27

第3章　インサイダー取引 …………87

第4章　自社株買い …………133

第5章　SPACS …………161

第6章　スピンオフ …………179

第7章　経営陣の交代 …………207

結論 …………235

謝辞 ………………………………………………………… 237

著者について ……………………………………………… 239

注 …………………………………………………………… 241

私の人生で明るく輝く星に捧げる。

序文

　投資家にとって最も重要なのはアイデアを生み出すことである。私は絶えず新しい投資機会を調べているが、最終的に投資する対象は検討したアイデアのごく一部にすぎない。私の投資アイデアのほとんどがほかの何百万人もの投資家と同じ情報源から生み出されるのであれば、私の投資パフォーマンスは平凡なものに終わるだろう。それならば、アメリカの大企業500社で構成されるS&P500のように、幅広く分散された指数に投資したほうがましだ。

　イベントドリブン投資はその名が示すように、特定のイベントが進行中の企業に投資する。こうしたイベントは企業が一変するほどの影響を与える場合もあり、企業がある事業部門を分離して別の上場企業にすることから、ほかの企業と合併することまで含まれる。これらの戦略を用いれば、業績や相場の短期的な方向を予測しなくても利益を得ることができる。

　私がイベントドリブン投資に引かれたのは、新鮮な投資アイデアの源泉となる戦略を教えてくれたからである。おまけに、ある種のイベントドリブン戦略は相場の低迷時期でもうまくいく。

　本書はアイデアを生み出す源泉として現在の投資プロセスを補完したり、企業を一変させるイベントに対する相場の好ましい反応から利益を得たりするための代替戦略を探している個人投資家とプロの投資家の両方に向けたものである。

　本書では、6つのイベントドリブン戦略について詳しく説明する。それぞれの戦略の微妙な違いを見て、それらの戦略が金融市場の変動に対処するのにどう役立つかを説明する。下落相場で効果を発揮

する戦略もあれば、弱気相場から脱するときに利益を得るのに大いに役立つ戦略もある。

これら6つのイベントドリブン戦略のあらましを紹介後、それらがどう役立つかについて、それぞれの章でケーススタディーを用いながら具体的に見ていく。また、オプション、先物、債券などについて簡単に説明し、これらの証券と特定のイベントドリブン戦略との関係についても述べる。

ある戦略がどういうときにうまくいかないかを理解しておくことも、その戦略のプラス面を理解することと同様に重要である。各戦略の章に置いた「負の側面」の節では、それぞれの戦略の落とし穴と避けるべき点について説明している。

本書で論じられている戦略には、合法的なインサイダー取引、合併アービトラージ、自社株買い、SPAC（特別買収目的会社）、スピンオフ、経営陣の交代などが含まれる。

はじめに

　バークシャー・ハサウェイの副会長でありウォーレン・バフェットの投資パートナーであるチャーリー・マンガーは週刊金融情報誌バロンズの2017年のインタビューで、偶然知ったアイデアのおかげでリスクなしに8000万ドルを稼いだときの話をしている。

　「私はバロンズを50年間、読んでいる。この雑誌で50年間に１つの投資機会を見つけ、ほとんどリスクをとることなく、約8000万ドルを稼いだ。私はその8000万ドルをリー・ルーに渡した。彼はそれを４億ドルか５億ドルに増やした。つまり、私は50年間バロンズを読み続け、１つのアイデアに従って４億ドルか５億ドルを稼いだのだ」

　投資を始めたばかりのころ、私はアイデアを生み出すために、ほかの多くの投資家と同じ情報源を利用していた。バロンズやフォーチュンなどの金融情報誌を読み、ほかの投資家と話し、銘柄スクリーニングを行い、投資に特化したウェブサイトをフォローしていた。

　成功した投資アイデアの１つであるTwilioを知ったのは、Twilioの創業者であるジェフ・ローソンに関するフォーチュンの記事によってだった。Twilioを利用すれば、企業は複数の国の異なる携帯電話ネットワークにメッセージを送らなくても、簡単に顧客にメッセージを送ることができる。あなたがウーバーを利用したことがあるのならば、ドライバーか注文した料理が到着したことを知らせるメッセージはTwilioを経由していた可能性が高い。

　フォーチュンの記事はTwilioの上場前に書かれていて、ローソンの経営手法に関することが頭の片隅に残っていた。その数カ月後、

Twilioは1株15ドルでIPO（新規株式公開）をして、株価は取引初日に92％も急騰した。IPOでよくあるように、Twilioの株価が上昇後まもなく下げ始めたとき、私はTwilioを買おうと決めた。そして、株価が1600％以上も上昇するのを見守った。ローソンが同じ時期に公開市場で自社株買いを行ったことも助けになった。

　Twilioを知るまで、私はフォーチュンを10年以上読み続けていた。10年間読み続けて、1つの儲かるアイデアに出合ったのである。インサイダーであるCEO（最高経営責任者）による合法的な自社株買いがTwilioを買うきっかけになった。

　私が投資を始めたのは2000年のインターネットバブルがはじけたあとで、弱気相場の真っただ中だった。正確には、2001年4月に始まった弱気相場中の短期的な上昇時で、それは数週間続いた。弱気相場中の上昇では、それまでの絶え間ない売りが一時的に止まると、株価が急騰する。

　私は素晴らしいスタートを切った。単純なモメンタム戦略に従い、ほんの数週間で30％以上のリターンを上げることができた。これはビギナーズラックだった。モメンタム戦略について深く調べていたわけではなく、強さを示した銘柄に賭けたら、一時的に上昇し続けたというだけだった。

　素早く30％のリターンを得たあと、自分の用いた戦略はあまりにも初歩的なので、すぐに行き詰まるに違いないと思い始めた。私は自分よりも経験豊富な投資家の賢明な助言に耳を傾けて、次の投資先として安全な優良企業を探すことにした。それはできれば、本来の価値よりも割安で取引されている企業の株式のほうが良かった。

安全な優良企業への投資？

　私が偶然選んだのはアメリカで7番目に大きく、世界最大のエネルギー取引企業だった。おまけに、ここ数カ月で株価が半値になっていた。その企業の新CEOは、企業の業績が好調であり、「株価は大幅に上昇する」と予測して、従業員に自社株を買うように勧めていた。

　株価は急落していて、不況期にシクリカル産業に属している企業で、CEOは自社株を買うように勧めている。これらのどれも、経験豊富な投資家ならば強い警告ととらえていただろう。残念ながら、投資初心者の私にはまだ学んでいないことがたくさんあった。

　私が選んだ企業はなんとエンロンだった。そこの株式を1株30ドル前後で買った。買った2カ月後の四半期決算で、エンロンは多額の損失を計上し、SEC（証券取引委員会）が調査を開始した。

　結局、エンロンは不正会計を行っていて、経理操作で業績を実際よりもはるかに良く粉飾していたことが判明した。

　エンロンの巨額詐欺が発覚し、株価が30ドルから10ドルに下げたとき、私よりも投資歴の長い投資家たちに、売って損切りをすべきかどうか尋ねた。私が受けたアドバイスは、持ち続けるべきというものだった。投資家やトレーダーはたびたび楽観的になる。間違いを認めて、素早く損切りをするのはなかなか難しい。私も同じで、その「投資」が30ドルから30セントになるまで持ち続けた。結局、この企業が破産宣告をする直前に売って、99％の損失を出した。素早く損切りをして、損失を膨らますのを避けることのできる投資家はとてつもない能力の持ち主であり、これを一貫して実行できる人はほとんどいない。

投資について学ぶ

　私は幸運にも投資を始めたばかりのころに、このエンロンの破綻に遭遇した。当時の私のポートフォリオの額はそこまで多くはなく、レバレッジもかけておらず、大好きな仕事も続けていて、養うべき家族もいなかった。しかし、この経験は投資のノウハウを学ぼうと決心するほどには痛みを伴うものだった。財務諸表の読み方を独学し、投資の達人であるベンジャミン・グレアム、フィリップ・フィッシャー、ピーター・リンチの本を手に取り、PER（株価収益率）やPBR（株価純資産倍率）といった評価指標を理解し始めた。バートン・ビッグスの『ヘッジホッグ』（日本経済新聞出版社）という本は、センチメントや投資家心理が短期的な相場の動きにいかに大きな役割を果たすかを理解するのに役立った。[1]

　時がたつにつれて、実社会や似た道を歩む投資家たちから学んだ。2005年に投資ブログを書き始めると、その過程で資産配分やポジションサイズの計算方法、DCF（ディスカウント・キャッシュ・フロー）モデルを作ってその企業の本質的価値を推測する方法など、より幅広いトピックを掘り下げることができるようになった。

　2005年の終わりごろ、シーキング・アルファという新しい投資サイトのCEOに連絡を取った。彼は私の書いたものを読み、私のブログをシーキング・アルファで公開することに同意してくれた。私は初期の投稿者として、このウェブサイトを利用していた個人投資家や機関投資家と交流することができた。

はじめに

イベントドリブン投資への第一歩

2010年、他社に買収されようとしている企業の株価が買収価格を大きく下回っているという特殊な状況が生じていたとき、私の記事を読んでいたヘッジファンドのマネジャーが連絡をしてきたので、この状況について話し合った。

彼は買収される企業の株を買って買収が完了するまで待ち、現在の株価と買収価格との差額を懐に入れたらよいのだと言った。この戦略は合併アービトラージと呼ばれ、あとで紹介する戦略の1つだ。私はこのやりとりの数年前にこの戦略を彼から教えられていた。だが、イベントドリブン投資を理解し、追跡し、利益を得るための長い旅を始めることができたのはそのときの話し合いのおかげだった。

私は「合法的インサイダー取引」と「合併アービトラージ」という2つのイベントドリブン戦略について、2010年から2つの異なるウェブサイトで追跡し始めた。その後、2018年にそれら2つを、https://www.insidearbitrage.com/ に統合した。

一貫して書き続けるだけで、報われることがある。自分の思考プロセスをまとめ上げて、主題を深く掘り下げ、読者とのやり取りから学ぶことができる。もう1つの利点は、出会うと思ってもいなかった人々と知り合えることだ。作家であり投資家でもあるモーガン・ハウセルはマイクロソフトの創業者であるビル・ゲイツのツイート（現Xのポスト）から、彼が自分の著作を読んでいることを知って驚いたという。これはモーガン・ハウセルが『サイコロジー・オブ・マネー──一生お金に困らない「富」のマインドセット』（ダイヤモンド社）という大成功を収めた本を書く何年も前のことである。

合法的なインサイダー取引に関心を持っていて、私の書いたもの

13

を読んでいたシアトルのベンチャーキャピタリストが私に連絡をしてきた。知り合いになったあと、伝統的なデータ分析技術と機械学習を組み合わせて、インサイダー取引について共同で徹底的な調査をすることにした。10年以上にわたるインサイダー取引の履歴と数十年にわたるファンダメンタルズに関するファクトセットのデータを使うと、私たちの検証では市場平均を上回るアルゴリズム取引戦略が見つかって、大喜びした。

　私たちはカリフォルニア州とワシントン州で投資顧問の登録をし、実際に資金を使って戦略を検証するために、実験的に元手となる資金の調達を行った。それから、自動売買を行うソフトウェアを構築して、プロセスを最初から最後まで自動化した。つまり、アルゴリズムが投資対象を選んで株式を買い、保有期間の終了時に売ったのである。この実験の1年目は非常にうまくいき、リターンが23％でベンチマークにしていた指数を上回った。残念ながら、データ主導の手法ではよくあることだが、バリュー株のパフォーマンスが成長株を大きく下回り始めたときに、さらにバリュー株志向の枠組みを戦略に重ねて、最適化しようとした。この戦略はベンチマークを何年も下回り続けた。私たちは資金をさらに調達する代わりに、返還することにした。

６つのイベントドリブン戦略

　この経験から貴重な教訓をいくつか学び、投資の枠組みを広げてイベントドリブン戦略を６つに増やすことにした。これらの戦略はアイデアを生み出すという点でも、相場と無相関のリターンを得ることができるという点でも、ポートフォリオの運用に欠かせないも

のになった。相場がある方向に動くとき、これらの戦略の一部は相場と逆方向に動く。もっとも、相場に極度の圧力がかかったときには、ほとんどの資産クラスが相関して、同じ動きをする傾向がある。

すでに述べたように、イベントドリブン投資では特定のイベントが進行中の企業に投資する。

イベントドリブン戦略の大きな利点は、投資について柔軟な思考パターンを持てることである。長くは成功しないかもしれない投資スタイルにこだわるのではなく、現在の相場環境でうまくいく戦略を機敏に採用することができる。

これらの戦略はマクロのシグナルになることがあり、相場が転換するかもしれないと知らせてくれる。第3章のインサイダー取引のところで述べるように、私は弱気相場の終わり近くにインサイダーによる異常に強い買いが入るのを何度も見てきた。

3番目の利点は、パターンが見えることである。同じ企業が複数の戦略で同時に現れ始めるのだ。ある企業のインサイダーは、その企業が自社株買いをしているときに自分でもその株式を買っているかもしれない。私はある企業が買収される過程にあるとき、買収後に1部門をスピンオフさせて独立させる計画を立てていると知って、その企業に興味をそそられたことがある。買収もスピンオフも投資機会になり、買収の完了直前にインサイダーも株式を買っていると分かって心強かった。この状況については、スピンオフを扱った第6章でケーススタディーとして詳しく述べる。

柔軟にアイデアを生み出せる、マクロのシグナルが得られる、そしてこれらの戦略を追跡すると独自のパターンが見えてくるという、これら3つはポートフォリオの構築と運用面で非常に大きな力になった。

本書はすべてのイベントドリブン戦略やスペシャルシチュエーション戦略を網羅しているわけではないが、個人投資家にもプロの投資家にも利用できる6つの戦略を総合的に説明しているので、さまざまな相場環境に対応できる投資ツールを増やすのに役立つだろう。

　それでは第1章に移り、本書で取り上げる戦略の背景を簡単に説明しよう。

第1章
イベントドリブン戦略
EVENT-DRIVEN STRATEGIES

　イベントドリブン投資はスペシャルシチュエーション（特殊な状況）投資とも呼ばれることがあり、個々の戦略はさまざまだが、共通点が1つある。それは通常、事業の性質や方向性を変えるほどの重大イベントを伴うという点である。

　その好例がM&A（合併と買収）である。合併や買収は買収する側の企業にも買収の対象となる企業にも大きな影響を及ぼす可能性があり、M&Aがかかわる戦略はイベントドリブン投資に含まれる。

　同様に、企業がある事業部門を分離して独立した企業にすることをスピンオフと言う。世界的なコンサルティング企業であるアクセンチュアは、2001年に大手会計事務所のアーサー・アンダーセンから分離されてできた企業である。このスピンオフはタイムリーだった。それから1年もしないうちに、アーサー・アンダーセンは証拠隠滅で有罪判決を受けたからだ。これはアーサー・アンダーセンがエンロンの監査役として、エンロンが文書を改竄するのを助けたり、書類をシュレッダーにかけるのを手伝ったりしたことによる。有罪判決後まもなく、創業以来89年の歴史を持つアーサー・アンダーセンは解散に追い込まれた。一方、スピンオフされたアクセンチュア

は繁栄し、1600億ドル以上の企業価値を持つ企業に成長した。

　この章では、本書で取り上げる6つのイベントドリブン戦略について、簡単に紹介する。それらは次のとおりである。

合併アービトラージ

インサイダー取引

自社株買い

SPAC（特別買収目的会社）

スピンオフ

経営陣の交代

　第2章以降では、これらのイベントドリブン戦略を1つずつ取り上げていく。

合併アービトラージ

　2つの企業が合併を決めたときや、大企業が中小企業の買収を発表したとき、対象企業が合意した買収株価で取引されることはめったになく、ほとんどは合意した株価を少し下回って取引される。買収が完了するかどうかがかなり不確実な場合では、対象企業の株価は買収株価を大幅に下回ることもある。

　現在の株価と買収株価の差から利益を得るために、対象企業の株式を割安で買って、買収が完了するまで待つ戦略を合併アービトラージと呼ぶ。現在の株価と買収株価の差をスプレッドと呼ぶ。

　この戦略を用いる投資家は、買収が完了せずに、株価が買収発表前の水準まで急落するかもしれないというリスクを負っている。そ

のため、この戦略はリスクアービトラージとも言われる。このリスクを引き受ける見返りとして、買収が完了する可能性の高い案件で数セントか数ドルの利益を得るのだ。

投資家が受け取る利益はわずかなので、この戦略がうまくいくためには、ほとんどの案件で契約が完了する必要がある。2010〜2022年の12年以上のデータを分析すると、買収が発表された案件の95％が買収を完了させていることが分かり、勇気づけられた。

スプレッドが小さい例では、バークシャー・ハサウェイが2022年3月31日に発表した保険会社アレゲニーの1株848.02ドルでの買収がある。2022年9月30日まで、株価は840.56ドルだった。この案件でのスプレッドは7.46ドルで、これは購入時の株価の1％にも満たなかった。このアービトラージを行った人は2022年10月19日の買収完了時に1株7.46ドルの利益を得たことになる。

なぜ買収株価が848ドルでも850ドルでもなく、848.02ドルなのか不思議に思うかもしれないが、この848.02ドルという数字の裏には興味深い小話がある。ウォーレン・バフェットは仲介業者に手数料を支払うことを嫌うことで有名である。彼はバークシャー・ハサウェイのために企業を買収するとき、投資銀行を介さずに対象企業と直接交渉することを好む。1986年には、1億ドル以上の企業価値があり、自社の売却を望んでいる企業を探すために、ウォール・ストリート・ジャーナル紙に全面広告を出したほどだ。

アレゲニーの場合、1株850ドルでの買収を申し出たが、投資銀行への手数料は払いたくなかった。株価が最終的に848.02ドルになったのは、この案件で投資銀行に払わなければならないはずの顧問料を省いたからだった。

アレゲニーの買収の対極にあるのは、イーロン・マスクによるツ

イッターの買収である。この案件には、うまく考えられた殺人ミステリーよりも予想外の展開があった。2022年7月11日には、この合併アービトラージで66%の利益が得られるまでにスプレッドが広がった。

合併アービトラージの章では、これら2つの案件のスプレッドに大きな差があった理由や案件のさまざまなタイプ、特に厳しい相場環境で、この戦略をポートフォリオでどう利用できるかについて詳しく述べる。

インサイダー取引

上場企業に投資する人が企業について持っている情報は、通常限られている。四半期ごとの決算説明会やSEC（証券取引委員会）への提出書類によって、定期的に最新情報を得る。場合によっては、四半期の半ばに開催される投資家向け説明会で経営陣の発表を聞いたり、株式を多数保有していれば経営陣と話ができたりすることもある。

対照的に、インサイダーは自社の製品パイプラインがどうなっているかや、実現するかもしれない大型契約の進捗状況など、現在起きていることを完全に把握できる。明らかに、インサイダーは公開市場で投資をする人よりも情報面で優位に立っている。

CEO（最高経営責任者）やCFO（最高財務責任者）といった経営陣も含めて、企業のインサイダーも公開市場で自社株を売買することができる。彼らは売買成立後、2営業日以内にインサイダー取引をSECに報告する義務がある。一般の投資家はこれらの取引を注意深く観察して、インサイダーのセンチメントを理解し、インサ

イダー取引がその株式を買う良い機会なのか、あるいはその企業に何らかの問題が生じている兆候なのかの判断材料にする。

インサイダー取引はその企業を大きく変えるような出来事ではないため、通常はイベントドリブン戦略には含まれない。しかし、インサイダー取引から得られるシグナルは、株価が大幅に割安か割高であることを示すこともあるため、本書で取り上げるイベントドリブン戦略に含めることにする。

自社株買い

私たちはだれでもお買い得品に興味をそそられ、何でも大安売りのときに買いたがる。企業やインサイダーたちも同じである。一時的な浮かれ気分のせいで、企業のファンダメンタルズからは維持できない水準まで株価が押し上げられていることに気づくと、彼らは自社株を売る傾向がある。インサイダーたちは公開市場で株式を売り、企業はセカンダリーオファリングと呼ばれる方法で投資家に株式を売り出す。

企業がIPO（新規株式公開）後に、投資家たちに株式を売り出すたびに、たとえ過去に2回、3回、4回と売り出していたとしても、セカンダリーオファリングと呼ぶ。何回も新株を発行する企業もあるため、用語が次々に作られても仕方ないが、三次公募、四次公募、五次公募などの用語は使われない。

セカンダリーオファリングで得た資金は現在の事業の拡大や新規事業への参入、現金での他社の買収などに使える。

既存株主への影響としては、セカンダリーオファリングによって持ち株が希薄化し、一時的に株価が下げることがよくある。

21

企業はウォーレン・バフェットの「他人が強欲なときに恐れ、他人が恐れているときに強欲であれ」という忠告に従う。そして、自社株が割高なときに新株を発行するだけでなく、自社株が割安と思われるときに公開市場で買うか投資家から直接買う傾向がある。

　市場が混乱して株価が下げているとき、賢明な経営陣は自社株買いをして株数を減らそうと考える。ウィリアム・ソーンダイクの『破天荒な経営者たち――8人の型破りなCEOが実現した桁外れの成功』（パンローリング）では、一部のCEOがほかのCEOよりも成功した理由を明らかにしようと試みている[2]。結局、それは資本配分の判断、特にいつ増資をし、いつ自社株買いをするのかの判断による。

　自社株買いの章では、自社株買いの発表と実際の自社株買いとの違いや、企業が自社株買いを行っているときにインサイダーも自社株を買っている企業のスクリーニングについて述べる。

SPAC

　2000年、インターネットバブルが崩壊した直後にシカゴからオレゴン州ユージーンという町に移り住み、宝飾事業を買収した2人の起業家と出会った。彼らがユニークなのは、まず投資家から資金を調達し（約50万ドル）、その資金で買収できる企業を探し回ったところである。彼らはオレゴンでジョディ・コヨーテという小さな宝石商を見つけ、その企業を買収することにした。

　この共同経営者の1人はメイシーズのような大企業との取引ができるようにするなど、フロントエンドの事業開発に注力したが、もう1人はバックエンドの業務に注力した。

第1章　イベントドリブン戦略

　２人の経営する企業は彼らにも投資家にもかなりの利益をもたらした。シカゴ出身の２人の起業家であるクリス・カニングとピーター・デイは投資家たちから絶大な信頼を得たので、投資家たちは自分たちが最終的にどういう企業を買収して、成長させることになるのか知らないまま、２人に小切手を切ることをいとわなかった。これが、当時「白地小切手会社」と呼ばれ、現在ではSPACと言われるものを初めて知ったときだった。

　多額の資金を動かせる投資家たちは通常、数億ドル相当の資金を元手にSPACを設立する。SPACが設立され、IPOによって資金を調達すると、実際に事業を行う未公開企業を最大で２年間探し始める。SPACが気に入った企業を見つけることができれば、上場しているSPACはその未公開企業と合併する。これによって、未公開企業は従来のIPOよりも簡単かつ迅速に上場することができる。SPACを設立した人々（発起人）は合併した企業の株式を大量に取得することで利益を得る。SPACを利用して上場した企業の例としてはコワーキングスペースを提供するウィーワーク、地域SNSのネクストドア、フィンテック企業のソーファイなどがある。

　それまで資本市場の片隅で目立たなかったものが巨大なバブルとなり、2020年と2021年に何百ものSPACが誕生した。

　SPACが２年以内に事業会社を見つけられなければ、投資家に資金とその利子を返さなければならない。これがSPACの発起人にとって、合併する事業会社を探す動機となる。2020年と2021年にSPACが合併した会社のなかには、事業計画しかなく、売り上げも利益もないものもあった。株式公開の準備が整っていないのにこの安易な道を選んだ会社の株価は、合併後に暴落するしかなかった。

　投資家が場合によっては最小限のリスクでSPACを使って利益を

23

得る機会が、このプロセス全体から生まれる。SPACを取り上げる章では、この戦略の細かな違いを詳しく説明し、SPACが投資家に提供するさまざまな投資機会について取り上げる。

スピンオフ

ある映画からスピンオフされた映画やテレビ番組が、原作よりも成功することがときどきある。かなり面白い『ミニオンズ』は『怪盗グルーシリーズ』のスピンオフであり、『デッドプール』は『X-Menオリジナル』のスピンオフである。

アメリカの経済界でも似たようなことがあり、大企業内の子会社全体が抑え込まれていて、スピンオフによって自由になることを望んでいる状態なのだ。

映画『フォードvsフェラーリ』は、イタリアの大手自動車会社フィアットがいかにしてフォードからフェラーリを奪ったかを描いている。フォードはスポーツカーの会社であるフェラーリを買収する交渉を行っていたが、交渉の成立直前にフィアットが割り込み、フェラーリを手中に収めた。フィアットはフェラーリの所有権を1969年の50％から1988年には90％にまで拡大した。フェラーリは数十年間、大企業の支配下にあったが、2015年にスピンオフされて、RACEという巧妙なティッカーシンボルで上場された。

フェラーリの株価は上場初日に下げると、1年目の大半でS&P500を下回っていたが、やがて急騰し、最初の5年間で237％も上昇した。この間のS&P500の上昇率は67％だった。

このように、最初のうちはパフォーマンスが悪くて、後に良くなるというパターンはスピンオフの特徴であって、弊害ではない。親

会社から分離独立すると、大手のファンドやプロの投資家たちはその会社の株式をポートフォリオに残しておきたがらず、スピンオフ直後に売ることがよくある。これは一時的な売り圧力になるため、短期の変動を利用したい投資家にとっては好機となる。

スピンオフを取り上げる章では、スピンオフの種類と、スピンオフされた会社と親会社のどちらがより良い投資になるかを判断する方法について説明する。

経営陣の交代

ヘンリー・フォード、メアリー・バーラ、ハワード・シュルツ、ジェフ・ベゾス、リー・クアン・ユーと聞けば、自動車業界を一変させた創業者、巨大企業を低迷から救ったCEO、コーヒーの飲み方を変えた起業家、『ジェフ・ベゾス ── 果てなき野望』（日経BP）で世間に広く知られた先見の明のあるリーダー、小さな島国を地図に載せた政治家が思い浮かぶ。

これらのリーダーたちは革新的で、精力的に働き、従業員や国民やフォロワーを鼓舞して、特別なものを生み出した。先見の明がある創業者であるCEOが去ると、その企業がいかに失速して判断を誤るかを私たちは何回も見てきた。ハワード・シュルツがスターバックスのCEOに一度ならず二度も返り咲いたのも、これが理由の1つだった。ブーメランCEOと呼ばれるこうした人々にはデルのマイケル・デル、アップルのスティーブ・ジョブズ、ツイッターのジャック・ドーシーなどがいる。

フォード・モーターの創業者ヘンリー・フォードとファイアストンの創業者ハーベイ・ファイアストンの両方の曾孫であるウィリア

ム・フォード・ジュニアは、2001年から2006年までフォードの
CEOを務めた。彼はフォードの代表取締役会長のほうが自分に向
いていると考え、2006年にボーイングからアラン・ムラーリを引き
抜いて、フォードのCEOに指名した。ムラーリはフォードの黒字
化に貢献し、リーマン・ショックに端を発する大不況を乗り切るの
に力を振るい、アメリカのほかの大手自動車会社とは異なり、フォー
ドの倒産を防いだ。

　トップに立つリーダーが組織に極端に大きな影響を及ぼす場合が
あることを考えると、投資家がポートフォリオに入れている企業の
経営陣の交代に注意を払うことがいかに重要かが分かる。実績ある
リーダーが問題を抱えている企業に加わる場合も、投資家にとって
売買シグナルになることがある。

　経営陣の交代の章では、新たな人事が発するシグナルや、経営陣
の退任が発する強い警告に焦点を当てる。

　これで、本書で取り上げるイベントドリブン戦略の簡単な紹介を
終える。以降では各戦略をより詳しく見ていき、さまざまなケース
スタディーを通じて、さらに掘り下げていく。

第2章
合併アービトラージ
MERGER ARBITRAGE

　結婚式の日に新郎新婦が誓いの言葉を交わそうとしているとき、神父が列席者に向かって「この結婚に異議がある人は今申し出るか、永遠に口をつぐんでください」と言う場面を想像してほしい。情報が今ほど自由に広まらなかった中世の時代から、教会はどんな問題も明らかになるようにこの言葉を入れてきた。

　ほとんどの結婚式ではだれも異議を申し立てず、式は続けられる。2人は愛を感じ、明るい未来を期待しながら結婚をする。

　実業界における合併と買収も驚くほど似ている。同じくらいの規模の企業同士が合併する場合は対等合併と呼ばれる。そして、グーグルのような大企業がウェアラブルデバイスメーカーのフィットビットのような中小企業を手に入れる場合を買収と呼ぶ。もっとも、私を含む一部の投資家は「合併」と「買収」を特に区別せずに使っている。投資銀行の仲介による「交際期間」を経るか、食事を1回しただけで衝撃的な速さで合併が決まると、両社は最終契約を結ぶことに決める。そして、合併（買収）が完了する大事な日に向けて計画を立て始める。

　両社はそれぞれの強みと資産を組み合わせることで得られる「シ

ナジー（相乗効果）」によって、より良い未来を実現しようと思い描いている。前に述べた結婚式のように、ほとんどの場合、合併に反対する人はおらず、発表された合併の95％近くが予想どおりに完了する。しかし、たまに黙っていられず、反対する人もいる。

各国の規制当局が、合併によって消費者の選択肢が減り、合併後の企業が独占的な価格決定権を持つ可能性があることを懸念して、反対する場合もある。

また、大好きな企業が二束三文で売られているが、もっとうまくやれるはずだし、そうすれば株価も上がる、と考えて反対する株主もいる。

まれにだが、銀行か第三者から融資にもかかわらず、買収をしようとしていた側の企業か個人が必要な資金を用意できないことに気づく場合もある。

これらの問題についてはすべて、この章で説明する。言うまでもないが、企業が合併するときにはさまざまな困難に直面する。これらのリスクは合併が発表されたあとでさえも、特別な投資家たちが利益を得る機会になる。

彼らはアービトラージャーと呼ばれ、合併する企業や買収される企業の株式を長期投資家から買い取る。長期投資家は合併が実際に成立するのか破談になるのか、イライラしながら待つのを望まないかもしれない。

なぜアービトラージャーが株式を買うのかの詳細に入る前に、アービトラージについてより広い文脈で説明しておこう。

アービトラージ

　アービトラージ（裁定取引）とは、ある市場で何かの資産を買い、別の市場でそれをもっと高値で売ることによって、2市場間の価格差を手に入れる投資戦略である。この戦略は最も単純な形では、コストが最小でほぼ無リスクの利益を期待できる。

　サフランの品質はこの香辛料を抽出する花の原産地によって大きく変わるが、世界で最も高品質のサフランはスペインのラマンチャと呼ばれるカスティーヤ高原で栽培されているものだ。アービトラージの簡単な例として、スペイン産の高品質のサフランを買い、大西洋を越えたカナダのケベックシティーでより高値で売ることができる場合を考えてみよう。

　このアービトラージにおけるコストは、輸送コストと輸送中の商品の損傷だろう。明らかに、貿易業者は貴重な資本をこの取引に使っている。また、需給サイクルと、最も重要なことだが競争の影響を受ける。スペインのラマンチャとケベックシティーとではサフランの価格に大きな差があると別の業者がかぎつけたら、同じ商品を輸入し始めて、利益は縮小するだろう。つまり、一般投資家たちが好んで言うように、利益を得る機会はアービトラージによって失われるのだ。私たちが暮らすグローバルな世界では、かつての香辛料の取引業者はアービトラージによって消え、ラマンチャ産サフランはウォルマートでもコストコでも売られている。

　金融市場では多くの種類のアービトラージが行われている。同一国内か国をまたぐ複数の市場に上場している企業もある。アービトラージャーはかつては価格差を監視していて、価格が安い市場で買い、高い市場で売って利益を得ていた。こうした価格差が非常に小

さいことを考えると、取引コストや為替レート（国をまたいで取引する場合）といった市場の摩擦によって利益の一部が失われる可能性があった。近年では、ある国でビットコインを買い、需要が大きくて価格が高い別の国で売るという同じ戦略が暗号資産でも用いられていた。

アービトラージの機会にはほかに、同じ株式の異なるクラス間での価格差がある。例えば、ジローにはクラスA株とクラスC株があり、この2つのクラスには議決権に差があるため、異なる株価で取引されることがよくある。ジローのクラスA株の株主には、取締役会の新取締役の選任や企業の買収に関する議決権が与えられる。Cクラスの株主もAクラスの株主と同じ経済的利益が得られるが、議決権は与えられない。

複数クラスの株式を発行している企業はほかに、ハイコ、ライオンズ・ゲート・エンターテインメント、それに最も有名なバークシャー・ハサウェイがある。企業が買収されるとか、特定クラスの自社株買いをするとか、自社株をOTC（店頭）市場からNYSE（ニューヨーク証券取引所）のような主要取引所に昇格させるなど、企業に関するイベントがないかぎり、クラス間の株価の差は必ずしも縮まらないかもしれない。

私が見たなかで最も奇妙なクラス間のアービトラージは、2023年半ばに地方銀行ファースト・シチズンズ・バンクシェアーズで起きたもので、シリコンバレー銀行の破綻後にFDIC（連邦預金保険公社）による仲介でこの銀行をファースト・シチズンズが買収した直後のことだった。ファースト・シチズンズのクラスB株はクラスA株よりも非常に割安で取引されていた。2023年6月23日、ファースト・シチズンズのクラスB株は1050ドルだったのに対し、クラスA株の

30

終値は1208ドルだった。ここで不思議なのは、クラスＢ株には１株当たり16票の議決権があったのに対し、クラスＡ株のほうは１票しかなかったことだ。通常、より多くの議決権を持つか、高配当という形で会社の利益により大きな権利を持つ株式のほうが割高で取引される。このケースでは、Ｂ株がNYSEのような主要取引所に上場されていなかったため、出来高が少なかったというのが唯一納得できる説明である。

　クローズドエンド型ファンドのアービトラージと統計的アービトラージ（スタットアーブとも呼ばれる）は、洗練された個人投資家やプロの投資家が用いる２つの追加戦略である。クローズドエンド型ファンドとは、IPO（新規株式公開）を通じて一定額の資本を調達したあと、株式のように証券取引所で取引される投資会社のことだ。IPO後にファンドが株式を発行することは通常ない。2023年半ばには、アメリカの証券取引所で約480のクローズドエンド型ファンドが取引されていた。クローズドエンド型ファンドはアクティブ運用がなされるため、オープンエンド型ファンドやETF（上場投資信託）よりも手数料が高くなる傾向にある。

　クローズドエンド型ファンドの市場価格はその原資産価値（純資産価値またはNAVとも呼ばれる）とは異なる場合がある。このファンドがNAVを上回って取引されていればプレミアムの状態と言われ、NAVを下回っている場合はディスカウントの状態と言われる。ディスカウント幅は大きくなることがあり、投資家にはNAVを大きく下回るファンドを買う機会が生じる。ディスカウントの状態になる理由は、ファンドのパフォーマンスの低さ、不適切な運用能力、同業他社や市場予測に比べて販売量が少ないことなどが考えられる。

　クローズドエンド型ファンドのプレミアムやディスカウントは長

期間続く傾向があり、この状態が変わるには、相場の動き以外にきっかけとなる何らかの市場外の動きが必要になることが多い。

ハイランド・インカム・ファンドが2023年5月に決定したように、ファンドによる自社株買いはそうした動きの1つだ。クローズドエンド型ファンドのアービトラージでは、NAVに比べて通常より大幅なディスカウントで取引されているクローズドエンド型ファンドを買い、ディスカウント幅が縮小するまで待つという形がある。

統計的アービトラージでは、複数の銘柄の値動きを追跡し、たいてい同じ動きをする銘柄を見つける。例えば、ペプシコの株価が上昇すれば、コカ・コーラの株価も上昇すると期待して問題ないだろう。この取引はそれまで強い相関関係で動いていた2つの証券が異なる動きをしたときに始められる。スタット・アーブ・システムは、この2つの証券が再び強い相関関係に戻ると期待して取引を行うが、必ずしも価格がほぼ同じになることを期待しているわけではない。この戦略が使える状況を特定して取引するシステムは通常、コンピュータープログラムによって自動化されており、主にプロの投資家が用いる。

イーロン・マスクとツイッターとの争い

この章で焦点を当てるのは合併アービトラージ戦略であり、2022年のイーロン・マスクによるツイッター（現X）の買収はこの戦略を理解するうえで完璧な状況を提供してくれる。

ツイッターは「デジタルな街の広場」から「金鉱に落ちたピエロでぎゅう詰めの車」まで、あらゆる呼ばれ方をしてきた。私は数年前に、ツイッターが広告や利用者データの販売で毎年20億ドル以上

の売り上げがあると話したとき、人々が驚いたのを覚えている。株価は大きく変動したが、上場後9年間のうち8年間は増収で、売上高は2012年の3億1702万ドルから2021年には50億ドルを超えるまでに拡大した。

最終利益は変動が大きくなり、株主は残念ながらピエロの車の後部座席に取り残されてしまった。私のように数年間、株式を保有していた長期投資家からすると、この企業はやれることをやり始めたばかりだった。ツイッターとブロックという2つの上場大企業を同時に非常勤で経営しようとしていたCEO（最高経営責任者）が指揮を執っていたこともうまくいかない原因だった。

イーロン・マスクはツイッターで圧倒的な存在感を示していて、フォロワー数はツイッターの共同創設者であるジャック・ドーシーをはるかに上回っていた。マスクはテスラに勢いをつけるのに、ツイッターがどれほど役に立ったかを目の当たりにしていた。また、ドーシーともたまたま親交があった。

マスクは2022年初めから、ツイッター株を静かに買い集め始めた。4月4日にSEC（証券取引委員会）に提出した書類で、彼がツイッター株を9％以上取得したことが明らかになった。

簡単な説明

イーロン・マスクとツイッターの間で起きたことを簡単に説明すると、次のような会話になる。

マスク 私はツイッターに出資しているので、何らかの形でかかわりたいと思っています。

ツイッター　分かりました。では、うちの役員になりませんか。

　［ジャック・ドーシーと協議］

　［ツイッターのパラグ・アガーワルCEOと協議］

マスク　役員になる話は忘れてください。私はこの会社を買いたいのです。

ツイッター　会社を売るつもりはありません。

マスク　御社はボット（タスクを繰り返し実行する自動化されたプログラム）に悩まされていますよね。私はそれを解決したいのです。

　［ボットの問題はよく知られており、SECへの提出書類にも詳しく記載されていた。ツイッターは１日100万件のボットを自動・手動の両方のシステムで排除していた³］

マスク　売却に応じてもらえないのならば、株主と直接、交渉します。

　［ツイッターに投稿。複数の未公開株投資会社がかかわっているといううわさがある］

ツイッター　私たちは「ポイズンピル」を使うつもりです。

　［ポイズンピルとは敵対的買収を阻止するために用いられる防衛策のこと。この仕組みにより、企業は大量の株式を発行して、敵対的買収者の持ち株を実質的に希薄化できる］

マスク　私はすでに465億ドルの資金を調達しています。１株54.20ドルが私の最終提案です。

　［ジャック・ドーシーを含む多くのツイッターへの既存投資家から、会社を非上場にした場合もそこに資金を再投資するという約束を取り付ける。また、さまざまな機関投資家や、オラクルのラリー・エリソンのような超富裕層の個人投資家からも確約されている］

ツイッター　分かりました。降参です。会社を売却します。

［成長株は大幅続落し、ソーシャルメディアの企業は大打撃を受ける。ウクライナで戦争が勃発］

マスク　御社はボット問題が深刻だ。取引は保留にします。

ツイッター　合意に至った買収は「保留」にはできません。

マスク　あなたたちは義務を果たしていません。私は手を引きます。

ツイッター　では、法廷で会いましょう。

［両当事者は法廷でそれぞれの言い分を主張する。彼らは法廷外で和解し、合意した株価で買収を完了させる］

詳しい話

全容は次のとおりである。

マスクはツイッターの取締役会への参加について話し合っていたが、その後方針を変えて、会社全体の買収を提案することにした。

1株54.20ドルでの買収を提案し、資金調達の用意ができていることを示唆したため、取締役会は2022年4月25日にマスクと話し合いをし、買収提案に合意した。

次の項目について、両者の間で合意がなされた。

● ツイッターの最終的な買収価格についての条項

● 買収完了の予定時期

● ほかの入札者に関する情報

● 買収で必要とされる規制当局の承認内容

● ツイッターが事業を展開するほかの国による承認

● 買収が完了しなかった場合に支払われる契約解除料

● そのほか多数

こうした買収合意の契約書は100ページ以上になることも多い。数十年前で時代が異なるが、合併アービトラージ戦略に重点を置くファンドマネジャーたちは、契約書がSECに提出されるとすぐに、だれかにお金を払って現物のコピーを入手してもらい、急いで持ってきてもらうか、電話で詳細を確認していた。

　最近では、SECに提出されて数分以内にEDGARでコピーを入手できる。買収の発表後、ツイッターの株価は買収株価である54.20ドルを約5％下回る51.70ドルで引けた。買収が発表されると、ツイッターへの一般の長期投資家は手仕舞うかもしれない。そして、私のような合併アービトラージ戦略を用いる投資家はそこで仕掛ける。

　合併アービトラージはリスクアービトラージとも呼ばれ、その名のとおり、アービトラージャーは買収が成立しないリスクを進んでとる。もしも買収が完了していなかったら、ツイッターの株価は買収発表前かマスクによる一方的な買収申し出前の水準まで下げていたかもしれない。アービトラージャーはこのリスクと引き換えに、現在の株価と買収時の株価との差額を手に入れようとする。この差額は取引の「スプレッド」と呼ばれる。

　イーロン・マスクによるツイッターの買収はスパイ小説以上の紆余曲折があったことが明らかになった。このストーリーはいずれビジネススクールやロースクールでのケーススタディーや書籍で取り上げられ、テレビドラマにさえなるかもしれない。

　2022年7月11日までに、ツイッターの株価は買収株価を21ドル以上も下回る32.65ドルまで下げて、スプレッドはなんと66％まで広がった。投資家がその日の終値でツイッター株を買っていて、2022年末までに買収が完了していたら、6カ月足らずで66％のリターン

36

を得ていたことになる。

　買収が合意されたにもかかわらず、なぜ相場はツイッターの株価を大幅にディスカウントしたのだろうか。あわただしい買収提案と最初の抵抗後、ツイッターの取締役会と経営陣はイーロン・マスクへの売却に合意した。ほとんどの買収者は企業に買収を申し出る前に長期にわたるデューデリジェンスを行っており、契約が結ばれるまでには買収する事業について非常によく理解している。

　マスクは契約書に署名後、急速に買収に魅力を感じなくなり、契約を解消したくなった。そして、契約書に禁止条項があるにもかかわらず、公の場でボットの問題についてツイッターを問い詰めたり、従業員たちを非難したりし始めた。

　あるとき、契約が保留になっているとツイートしたため、契約を解消しようとしているか、ツイッターの取締役会に再交渉を迫っているのではないかという憶測を呼んだ。

　彼はなぜ突然、逃げ腰になったのだろうか。2022年は株式相場にとって厳しい年になった。ウォール街でもてはやされていた成長株は突如として人気を失い、株価は暴落した。新規顧客の開拓のために多額の広告費を投じていた高成長企業は広告費を減らし始め、メタ（旧フェイスブック）、ツイッター、スナップ、ピンタレスト、ネクストドアなどのソーシャルメディア企業はその影響を受けた。ウクライナでの紛争も本格的な戦争に発展し、アメリカのインフレ率は40年ぶりの高水準に近づいた。

　マスクはツイッターの買収資金を調達するためにテスラ株の一部を売却していた。また、テスラ株が株式市場と同様に下げていたことも問題だった。

　買収に関する契約を正式に結んだあとに、「契約を保留」にした

り中止にしたりするのは極めて難しい。彼のツイートはすべて、取締役会に再交渉を持ちかけるための策略であり、取締役会はその話に乗る気がないことを公に示した。

最終的な買収契約には通常、「特定履行」条項というものが入っている。ここには、企業が買収者を訴えて、契約の履行を強制するか損害賠償の責任を負わせることができる、といったことが書かれている。

M&A（合併と買収）の世界に染まっていない投資家の多くは、手数料を払えばマスクが契約を解除できると誤解した。しかし、買収側が契約解除金——ツイッターの場合は10億ドル——を支払うだけで手を引くのは難しい。

買収契約書はスキのない法律文書であり、契約を解除するための具体的な条項はわずかしかない。買収側が契約を解除するには、MAC（重大な悪影響）があったことを証明しなければならないが、これはある意味で契約書によく見られる不可抗力条項に似ている。不可抗力条項は、地震や竜巻のような「不可抗力」の出来事に関するもので、契約のどちらの当事者も責任を負えないものである。

契約締結後に買収側が逃げ出そうとした場合、買収側を提訴して「取引を履行させ」、完了させることができる。企業がどこで法人化されているかにもよるが、このような訴訟のほとんどは最終的にデラウェア州衡平法裁判所に持ち込まれる。マスクとツイッターの訴訟でもそうだった。

フォーチュン500社の60％を含む100万社以上がデラウェア州で設立されているのは、この州で登記していても州内で事業を行わなければ法人税が課されないからである。もう１つの理由は、デラウェア州にはビジネス上の紛争処理で定評のデラウェア州衡平法裁判所

第2章　合併アービトラージ

図表2.1　ツイッター社買収までの流れ

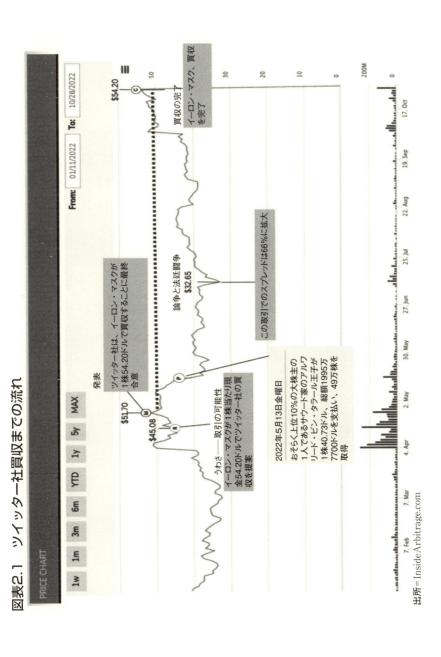

出所＝Inside.Arbitrage.com

があるからだ。この裁判所の判決は陪審員による合意ではなく、会社法の専門知識を持つ裁判官によって下される。

　MACが生じたと買収側が証明できないかぎり、裁判所は買収側に契約を履行させ、買収を完了させる可能性が高い。通常、当事者は合意した条件で買収を完了させるか、当初の価格よりも多少値引きして法廷外で和解する。

　新型コロナウイルスが流行し始めたころ、この流行はMACであると主張して買収から手を引こうとした企業もあった。だが、一部の案件では値引きをされたものの、最終的には契約を履行せざるを得なかった。フォレスカウト・テクノロジーズは2020年5月、アドベント・インターナショナルが契約の条項に違反したとして、デラウェア州衡平法裁判所に訴えた。その後1カ月足らずで、両社は1株33ドルをすべて現金でという当初の合意について再交渉をし、1株29ドルでの買収に合意して、2020年8月に買収が完了した。

　コロナウイルスの感染拡大中に最も注目を集めた争いは、LVMHとティファニーによるものだ。LVMHはルイ・ヴィトン、クリスチャン・ディオール、ドン・ペリニヨン、タグ・ホイヤー、セフォラなど75のブランドを抱えるヨーロッパの高級品メーカーで、アメリカの宝飾品メーカーであるティファニーを162億ドルの現金で買収することに合意していた。しかし、コロナ禍で買収を撤回しようとした。この話の結末はご存じのとおりである。私たちの発行するマージャー・アービトラージ・マンデイズの2020年11月の記事「ティファニー、死からよみがえる」では、両社がデラウェア州衡平法裁判所で係争中の訴訟を決着させることに決めた経緯や、当初は1株当たり現金135ドルで合意していたのを、131.50ドルで最終合意に至った経緯を簡単に紹介した。

アドベントはフォレスカウトとの案件で12.12％もの値引きを相手にのませたのに対し、LVMHは３％に満たない値引きしか引き出せなかった。質を求めたければ、お金を払わなければならないこともあるのだ。

ティファニーがLVMHを提訴したのと同じように、ツイッターもイーロン・マスクをデラウェア州衡平法裁判所に訴えた。マスクは裁判の開始を遅らせようとしたが、230年の歴史を持つデラウェア州衡平法裁判所で初の女性裁判長であるキャサリン・マコーミックはこれを認めず、自らこの裁判を担当することにした。

マスクの弁護団はツイッターのスパムボット問題について、自分たちの正当性を主張するために、ツイッターに大きな負担を強いるほどのデータを要求して開示させようとした。彼女はこの要求を却下して、次のように述べた。

被告によるデータの要求はあまりにも広範囲である。文字どおりに読めば、被告による文書の要求は、ツイッターがmDAUに含まれる約２億のアカウントごとに保存されている可能性のあるすべてのデータを反映した無数の資料を、３年近く毎日提出するようにと原告に要求することになる。原告がこのような要求に応じるのに、どれほどの負担が生じるかを把握するのは困難である。なぜなら、まともな神経の持ち主でこのようなことを試みた人はいないからだ。

ここで被告はイーロン・マスク、原告はツイッターで、mDAUは広告収入につながる１日当たりのアクティブユーザー数のことであり、ソーシャルメディア企業が自社のプラットフォームの活動レ

ベルを把握するためによく使われる指標である。

　マスクは当初の条件で買収を完了させる意思があることを示して、法的手続きを回避しようとした。しかし、マスクが公の場で数カ月にわたってツイッターとその役員を中傷していたため、ツイッターはマスクの言葉を真に受けず、訴訟を予定どおり進めることを望んだ。

　手続きのなかで、イーロン・マスクの弁護団は、ツイッターの元セキュリティー責任者であるピーター・「マッジ」・ザトコがツイッターのセキュリティ管理の甘さやスパムの問題について内部告発した問題を持ち出した。

　ツイッターを少しでもフォローしたことがある人ならばだれでも、会社が抱えている運営上の問題や、初期のころにはサイトが常にダウンしていたこと、それにプラットフォームがいつもスパムホットで悩まされていたことを知っていた。実際、マスクはプラットフォームからスパムホットを排除したいと公言していた。これは彼がこの問題に気づいていたことを示している。

　マスクの弁護団は、彼が最終的な買収契約に署名する前に徹底的なデューデリジェンスを行っていたとしても、ツイッターはマッジが行ったような告発を隠していただろうという主張を試みた。キャサリン・マコーミック裁判長の次の回答は記録に残るものだった。

　デューデリジェンスで何が明らかになったかは分かりません。だって、デューディリジェンスはしなかったんでしょう？

　数日間の審議後、マスクが買収を完了させる意向を示したため、この訴訟は一時保留になった。マコーミック裁判長は、10月28日の

42

午後5時までに買収が完了しなければ、11月に訴訟を再開する予定であることを明らかにした。

結局、買収は10月27日に当初合意していた1株54.20ドルで完了した。

スプレッド、買収完了日、年率リターン

M&Aの案件では、スプレッドが大きく開くことがある。例えば、マイクロソフトはゲームソフト会社のアクティビジョン・ブリザードを1株95ドルの現金で買収することに合意した。しかし、2023年5月には株式市場でアクティビジョン株を78ドルで買うことができた。**図表2.2**で分かるように、スプレッド、あるいはこの投資で得られるリターンはこの当時、22％近くもあったのだ。

私は自分のウェブサイトであるインサイドアービトラージに置いているMAT（マージャー・アービトラージ・ツール）というプログラムで、アメリカで進行中のすべての案件のスプレッドを追跡している。

アクティビジョン・ブリザードでスプレッドが大きいのは、アメリカのFTC（連邦取引委員会）や海外の規制当局が不正競争防止を理由に、買収を阻止しようとする可能性があるからだ。ソニーやエレクトロニック・アーツは、マイクロソフトがアクティビジョンの人気ゲームシリーズ（コール・オブ・デューティ、スタークラフト、ワールド・オブ・ウォークラフト、ディアブロなど）を所有することをおそらくあまり歓迎しないだろう。

ゲーム愛好者はゲーム機を買うとき、それでしかプレーできないゲームが何かで機種を決めることがある。本人視点の人気シューテ

図表2.2　アクティビジョンとマイクロソフトのスプレッド

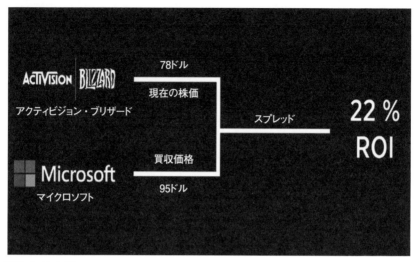

出所＝InsideArbitrage.com

図表2.3　マージャー・アービトラージ・ツール

買収企業	対象企業	案件の種類	買収総額	買収株価	推定買収完了日	リターン
ユニティ	IS	株式	36.1億ドル	6.37ドル	2022/12/31	58.79%
シフト・テクノロジーズ	LOTZ	株式	123万ドル	0.85ドル	2022/12/31	41.89%
ジェットブルー航空	SAVE	現金＋株式	76億ドル	33.50ドル	2024/6/30	36.35%
マックスライナー	SIMO	特別*	80億ドル	109.62ドル	2023/6/30	32.69%
インターコンチネンタル取引所	BKI	現金	160億ドル	85ドル	2023/6/30	26.60%

出所＝InsideArbitrage.com

ィングゲーム、ヘイローはXboxとWindowsでしかプレーできない。ヘイローとコール・オブ・デューティの両方をXboxのような1つのプラットフォームでしかプレーできないようにすれば、マイクロソフトはソニーのプレイステーションよりも優位に立てる可能性がある。

ほかに、電子カルテのソフトウェア会社サーナーのオラクルによる買収など、スプレッドが小さい取引もある。アービトラージャーは、なぜ1.3％という小さなリターンしか得られない取引をしたがるのだろうか。彼らはサーナーの買収が成立する確率が非常に高いと考え、低利回りの環境下では1.3％のリターンでも気にしないからだ。実際、インサイドアービトラージのデータベースで買収を10年間以上調べると、明確に買収に合意した案件の約95％が実際に買収を完了させている。

買収は比較的早く完了する傾向があるため（大半は4カ月以内）、アービトラージャーは買収完了後に戻ってきた資金を再投資して、年間リターンを向上させることができる。

買収対象の企業がそれまで配当金を支払っていた場合、買収が完了するまで配当金を払い続けることが多い。これはアービトラージでちょっとしたボーナスになり、リターンが高まる。対象企業の年間利回りが4％（本書を書いている時点では高い配当金）であり、買収が6カ月以内に完了すると予想される場合、その6カ月間に配当金を受け取ることで、リターンを2％高めることができる。もちろん、買収側のすべての企業がそれほど気前が良いわけではなく、契約書に対象企業が一定の時点で配当金を停止することを明記することもある。

アルファベット（グーグルの持ち株会社）がマンディアントを買

収したとき、アービトラージャーが4カ月で4.5％のリターンを得ていて、同様のスプレッドで1年に3回このような取引を繰り返せたら、複利で考えなくても年に13.5％の利益が得られる。これが、アービトラージャーが各取引の「年率換算リターン」に注目する理由の1つである。ある四半期で買収が完了し、スプレッドが4％の取引の場合、年率換算リターンは16％と非常に魅力的だ。

　アービトラージの機会を年率換算リターンで考え始めると、買収完了予定日が非常に重要になる。買収が発表された時点では不明な点がいくつかあるため、企業は買収完了日をはっきりと提示できない。

●株主はこの買収を承認するのか、株式公開買い付けに応募する株主数は十分なのか。
●買収に規制当局の承認が必要な場合、問題なく承認されるのか。
●買収に必要な資金の調達に予想以上の時間がかかるのだろうか。

　企業は買収完了時期を、例えば、今年の第4四半期、来年の下半期、2024年半ば、2023年の第3四半期などと発表する。年率リターンを計算するとき、買収完了日に関しては、私は保守的にとらえる。2023年に発表された案件について、企業が買収完了は来年下半期になるだろうと言ったら、私は2024年12月31日を買収完了日とみなす。
　この保守的な完了日を基準に、セクターに特有の期間を見たり、買収で直面する規制リスクや資金調達リスクなどを分析したりして、買収完了までの平均期間に応じて調整する。例えば、ファイザーのような大企業が中小の製薬会社を買収するような製薬業界では、わずか3カ月で買収が完了することがよくある。一方、半導体業界の

46

場合、国の安全保障上の懸念を一掃して、複数の国から承認される必要があるため、かなり時間がかかる傾向がある。銀行や保険業界の案件も承認過程に多くの規制当局がかかわるため、時間がかかる。

2010年から2022年の間に完了した2320案件を分析すると、買収完了までに平均131日かかっていた。完了までの日数の中央値は107日にすぎないため、完了までに635日もかかったユナイテッドヘルス・グループによるチェンジ・ヘルスケアの買収や、475日もかかったアドバンスト・マイクロ・デバイセズによるザイリンクスの買収のような非常に時間を要した案件のせいで、平均日数が伸びていることが分かる。

すでに述べたように、ほとんどの買収は4カ月で完了するが、買収が遅れるとアービトラージャーは大きな影響を受ける。スプレッドが4％の案件が4カ月で完了し、年率12％のリターンが得られると期待していた場合、買収完了が6カ月後まで遅れたら、年率リターンはわずか8％に落ちてしまう。

もう1つ覚えておくべき問題がある。それは、企業が最終的な買収契約に「アウトサイドデート」を盛り込むことだ。この期日は通常、完了予定日よりもかなりあとなので、ほとんどの買収はこの期日よりもかなり前に完了する。しかし、何らかの理由で買収が大幅に遅れて、この期日に達した場合、両当事者は買収を打ち切るか、期日を延長することができる。彼らにはこの期日を複数回延長する選択肢もある。

たまに、買収案件でスプレッドがマイナスになることがある。例えば、市場での株価が買収株価よりも高くても、その企業の株式を買いたいという投資家がいる場合だ。住宅メーカーのDRホートンがビドラー・ウオーター・リソーシズを1株当たり現金15.75ドル

で買収すると発表したとき、これが起きた。ビドラーは西部の数州で水利権を持っていたが、西部は深刻な干ばつに見舞われていたので、水利権には大きな値が付く可能性があった。買収が発表された直後にビドラーの株価が17.24ドル（つまり9.5％のマイナススプレッド）まで上げたのは、これが理由の1つだった。既存の株主も買収発表後に株式を買った投資家も、第三者が現れてDRホートンとその第三者がビドラーを巡って買収合戦を繰り広げることを期待した。買収は最終的に最初に合意されていた15.75ドルで完了し、より高値での買収を期待してプレミアムを支払ったアービトラージャーは失望した。

　複数の会社が買収を提案するのは珍しいことではなく、低金利での資金調達が容易な近年では、この傾向が強くなっている。時には、アービトラージャーにとっては喜ばしいことに、これが引き金となって買収合戦が何度か繰り返されることもある。スピリット航空の買収をめぐって、ジェットブルーとフロンティア・エアラインは4カ月にわたって買収合戦を繰り返した。両社の間で7回に及ぶ提案の応酬後、ジェットブルーはフロンティアの提示額よりも32％高い価格を提示し、規制当局に買収を阻止された場合はジェットブルーがスピリットに支払う契約解除料を4億ドルに増やすと提案して、買収合戦に勝利した。

　もう1つの買収合戦は、AT&Tとベライゾンによるストレート・パス・コミュニケーションズの争奪戦である。これによって、株価は当初の合意価格から3倍近くまで上昇した。合併アービトラージ戦略を批判する人は案件の不成立に焦点を当てて、買収合戦のおかげで株価が上昇したのを忘れていることが多い。

　次は、M&A案件の種類（全額現金、現金、株式など）、案件の

さまざまな段階、合併アービトラージ戦略のさまざまな使い方について検討する。

案件の種類、CVR、スプレッドをとらえる方法

この節では、さまざまな種類の案件や、アービトラージャーがそれぞれの状況でどうすればスプレッドをとらえられるかについて詳しく説明する。

2022年4月26日の朝の時点では、ツイッターの株価は50ドルで、買収で合意した株価とのスプレッドは約8％だった。アービトラージャーがその日にツイッター株を買って、年内に買収が完了した場合、8カ月あまりで8％のリターンを得ることができた。これは年率換算では12％のリターンである。この買収はマイクロソフトによるアクティビジョン・ブリザードの買収と同様に「すべて現金」によるものだったため、投資家は買収が完了したときに口座に現金が振り込まれていたことになる。

すべての案件が現金で支払われるわけではない。ほかにも、次のような場合がある。

●全額が株式交換による買収
●現金と株式交換による買収
●現金か株式交換による買収
●カラーメカニズムを含む買収
●特別条件とCVR

全額が株式交換による買収

　保険会社レモネードによるメトロマイルの買収は全額を株式交換によって行われた。メトロマイルの株主は、メトロマイル株19株に付きレモネード株1株を受け取った。この案件でのスプレッドは、2022年5月6日時点で14.06％だった。買収が予定どおり2022年6月末までに完了していれば、年率リターンは93.31％になっていた。だが、買収の完了は遅れ、最終的には予定から約1カ月後の2022年7月28日に完了した。

　全額が株式交換で行われる買収案件でスプレッドをとらえようとする場合、難しいのは買収側企業の株価が変動すると、メトロマイルのような買収される企業の株価も影響を受けることである。例えば、買収価値が1株1.14ドルのメトロマイルを、2022年5月6日に1株1ドルで買い、アービトラージで14％の利益が得られるとしよう。ところが、翌日にレモネードが突然何か悪いニュースを発表したせいで、株価が20％急落したとする。メトロマイルの買収は全額が株式交換で行われるため、メトロマイルの株価も約20％下落したと考えるのが妥当である。買収が完了したときに14％の利益を得るはずだったのに、今やポジションは含み損を抱えており、最終的に買収が完了したときにお金をどれだけ受け取れるのか見当もつかない。こうした事態を避けるため、アービトラージャーは買収側企業の株式を空売りして、株式交換だけで買収を行う案件では「スプレッドを固定」する。

　空売りをする人は、自分が持っていない株式を証券会社から借りて売り、安くなったときに買い戻して借りた株式を返そうと考える。つまり、思惑どおりにいけば、高く売って安く買い戻す。一方、株

価が上げた場合、空売りでは損失を被るため、ある時点で株式を買い戻して空売りポジションを決済せざるを得ない。アービトラージでの空売りの場合、空売りをした会社の株価が下げることで利益を得ようとするのではなく、その案件でのスプレッドを固定するために行う。

アービトラージャーはメトロマイル買収でスプレッドをとらえるために、メトロマイル19株ごとにレモネード1株を空売りしたことになる。

買収が完了したとき、彼らが受け取ったレモネード株は空売りポジションと相殺され、約14%のリターンを生み出した。これには空売りで支払う貸株料は含まれていない。

また、空売りで支払わなければならない配当金も考慮していない。株式を保有している場合、その会社が分配する普通配当や特別配当をすべて受け取ることができる。一方、買収側企業の株式を借りて空売りした場合、その会社が分配した配当金を、株式を借りた相手に支払う責任が生じる。

全額を株式交換で行う買収で取引をするリスクは、買収が完了しなかった場合、メトロマイルの株価が買収発表前の株価まで下げる可能性が高いというだけではない。アービトラージャーが空売りポジションを解消するためや、レモネードが買収を取りやめることを市場はたいてい歓迎するため、レモネードの株価は上げる可能性が高い。そのため、買収が失敗した場合、アービトラージャーは二重に打撃を受けることになる。

アービトラージャーの多くが全額を現金で買収する案件にこだわるのは、空売りにこうした難しさがあるからだ。

現金と株式交換による買収

もう1つよく見られるのは、買収側が買収金額の一部を現金で支払い、残りを株式交換で行うものである。この買収の好例は、グッドイヤー・タイヤがクーパー・タイヤを25億ドルで買収した事例だ。このときの取引条件では、クーパー・タイヤの株主は1株41.75ドルの現金と、クーパー株1株当たり1株弱のグッドイヤー株（正確には0.907株）を受け取った。

この取引のスプレッドは特に大きくはなかったが、買収発表後の2つの時点でスプレッドは3％を少し上回っていた。このスプレッドを固定するには、クーパー・タイヤの株主は持ち株10株につきグッドイヤー株9株を空売りする必要があった。買収発表から105日後の2021年6月に買収が完了すると、クーパーの株主は1株に付き41.75ドルの現金を受け取り、受け取ったグッドイヤー株は空売りポジションと相殺された。

現金か株式交換による買収

4番目は現金か株式交換によるもので、株主は現金と買収側企業の株式のどちらを受け取るかを選ばなければならない。この種の買収には通常、70％を株式で、残りを現金で支払うといった案分条項がある。株主は現金か株式のどちらかを選ぶが、現金を希望する株主があまりにも多く、株式を希望する株主が少ない場合には、会社が案分する。こうした状況でスプレッドをとらえるのは難しい。現金で支払われるのか、株式で支払われるのか、あるいは2つの組み合わせになるのかが分からないからだ。

カラーメカニズムを含む買収

　5番目は「カラーメカニズム」が用いられているものだ。これは株式交換の比率が、クーパー株1株につきグッドイヤー株0.907株などと固定されているのではなく、買収側企業の株価の動きによって変動するものである。好例は、2022年1月に買収が発表され、その4カ月あまり後に完了したテイクツー・インタラクティブによるジンガの買収である。ジンガの株主は持ち株1株当たり現金3.50ドルとテイクツー株を6.361ドル分受け取ることになっていた。しかし、この6.361ドルの部分は「カラー」に従うことになっていた。

　これは、買収の合意書では次のように定義されていた。

　買収完了よりも3取引日前のテイクツーの20日VWAP（売買高加重平均価格）が156.50〜181.88ドルの範囲で引けた場合、対価総額はジンガ株分は9.86ドル（株式価値6.36ドル、現金3.50ドルを含む）になるように調整される。VWAPがこの範囲の上限を上回った場合、交換比率は1株当たり0.0350になり、下限を下回った場合には0.0406となる。

　これで頭がクラクラしても、それはあなただけではない。簡単に言うと、テイクツーはジンガの株主に支払う総額の64％強をテイクツーの株式で行えるように合意書を作っていたのだ。買収合意書の条件では、買収完了の数日前におけるテイクツーの株価の終値次第で、ジンガの株主が受け取るテイクツーの株数が上下する可能性があると規定されていたのだ。

　買収は結局、2022年5月23日に完了し、ジンガの株主がテイクツ

ーの株式を1株当たり現金3.50ドルとテイクツーの株式0.0406株を受け取った、とテイクツーは発表した。買収が発表された2022年1月時点では、テイクツーの株価は210ドル以上だった。しかし、買収が完了するころには、テイクツーの株価は123.62ドルまで急落していた。買収の株式交換部分で用いられる比率は、買収合意書で定められたカラーの下限だったので、ジンガの株主は持ち株1株につきテイクツー株0.0406株を受け取った。これが、私がMATというツールでこの種の案件を「特別条件」に分類して、スプレッドを常に再計算しなければならない理由の1つなのだ。

特別条件とCVR

買収完了ごろに支払われる特別配当のように、スプレッドに影響する特別な状況がある。ユナイテッドヘルス・グループによるチェンジ・ヘルスケアの買収でこの状況があった。ユナイテッドヘルスは1株25.75ドルで、全額現金による買収に合意していた。しかし、規制上の問題に直面すると、買収完了時か間近に1株当たり2ドルの特別配当をさらに支払うことで、条件を魅力的にすることに決めた。

ほかに、特別な状況が2つある。ブラックストーンによるブルーロック・レジデンシャル・グロースREITの買収のように、買収完了直前に対象企業の一部が独立した公開会社としてスピンオフされる場合と、買収対価の一部がCVR（コンティンジェント・バリュー・ライツ、不確定価額受領権）として支払われる場合である。

CVRはプライベートマーケットではよくアーンアウトと言われる。ジョエル・グリーンブラットは著書『**グリーンブラットのイベント**

ドリブン投資法[4]』（パンローリング）で、CVRをマージャー・セキュリティーズと呼んでいる。CVRにはプラスアルファが含まれているので、興味をそそられる。CVRでは、買収完了後に一定のマイルストーンが達成された場合、投資家は将来、追加で1回以上の支払いを受ける。その案件でスプレッドがプラスで、買収完了に対するリスクが低ければ、CVRは無料かそれに近い宝くじとみなせる。

　この種のCVRは、買収される企業に開発中の医薬品があり、買収完了後かなりたってから承認される可能性がある製薬・バイオテクノロジー企業の買収でよく見られる。また、私はサーベラス・キャピタル・マネジメントによるセーフウェイの買収のように、不動産の処分に付随するCVRも見たことがある。すべてのCVRで支払いがあるわけではない。だが、2015年のセーフウェイの買収や2016年のアラガンによるトビラ・セラピューティクスの買収のように、支払いがあるものについては、追加でおいしい支払いがある。私はこれら2つの買収で取引をしたが、それはスプレッドが十分に大きくて、CVRがほぼ無料の宝くじになっていたからだ。

次の段階と規制のプロセス

　本章のこれまでの節は合併アービトラージ戦略の仕組みに関するものだった。ここでは買収の次の段階、特に規制に関する要素について検討する。この要素は買収が完了する確率や、アービトラージャーが利用できるスプレッドに大きな影響を与える。

ゴーショップ期間

一部の買収合意書には買収される側の企業がもっと良い買収先を探すことができるという「ゴーショップ」期間というものが設けられている。これには通常25〜45日間が与えられ、競争入札を行うことができる。

ほとんどの案件では、買収が合意に達する前に、すでに投資銀行がより良い買収先を探しているため、ゴーショップ期間中に買収を希望する企業が新たに現れることはほとんどない。例えば、バークシャー・ハサウェイによるアレガニー買収のゴーショップ期間中に、新たに買収を希望する企業は現れなかった。

株主の抵抗

ほとんどのM&A案件では、株主による承認も必要であり、ISS（インスティテューショナル・シェアホルダー・サービシーズ）のような企業統治に関するサービスを提供する会社が通常は議決権行使の助言を行う。株主が買収を阻止しようとすることは一般的ではないが、ときどきあるのも事実である。一例を挙げよう。ニールセン・ホールディングはブルックフィールドとアクティビスト投資会社のエリオット・インベストメント・マネジメントによる買収に合意していたが、2022年4月にウインドエーカー・パートナーズがこれに反対した。この案件に対抗するため、ウインドエーカーはニールセン株の買い増しを開始し、最終的にニールセン株の27%を取得した。ニールセンがウインドエーカーやほかの一部の投資家と、買収完了後にウインドエーカーがニールセンに追加で5億ドル投資すること

を認める契約を結んだあと、買収が認められた。そして、買収発表から196日後の2022年10月にようやく買収は完了した。

2016年にT・ロウ・プライスは、オラクルによるネットスイートの買収について、TOB（株式公開買い付け）価格が安すぎるとして反対していたが、買収を阻止することはできなかった。オラクル創業者のラリー・エリソンがすでにネットスイート株の40％を保有していたことも、T・ロウ・プライスにとって不利に働いた。ライトエイドの株主は、ライトエイドがアルバートソンズと合併することにあまり乗り気ではなく、2018年に合意を撤回した。2021年にファイブ9の株主がズームによる全額株式交換での買収を拒否したときもそうだった。2021年9月以降のハイテク株の動きを考えると、ファイブ9の株主はこの提案を受けたほうが良かっただろう。ライトエイド株は2023年8月にはペニー株になるまで下落し、本書を書いている時点では破産申請をするとみられているが、これは株主がアルバートソンズとの合併に反対していなかったら避けられたはずである。

規制の問題

規制のプロセスに話を移すと、大規模なM&Aに関わる企業はHSR（ハート・スコット・ロディノ）法に基づいて事前届出を行い、政府の審査を待つ必要がある。これはHSRファイリングと呼ばれ、30日の待機期間がある。HSRファイリングを行う場合の2023年の最低基準額は1億1140万ドルで、毎年調整される。企業はFTC（連邦取引委員会）とDOJ（司法省）の両方に申請する必要がある。これら政府機関の一方だけが審査を行い、反競争的な懸念があるかど

57

うかや、不当な価格決定力を持つようになるかや大量のデータにアクセスできるようになるかどうかを判断する。

30日の待機期間が始まると、いくつかの展開が考えられる。

● 案件について深く検討する必要がなく、両社が案件の完了に向かって進むことができる場合、FTCかDOJは待機期間の早期終了を認めることがある。
● FTCもDOJも審査を行わない場合、待期期間は終了する可能性がある。
● 両社はFTCかDOJとの協議後に、自主的にHSRファイリングを取り下げて再申請することで、待期期間をさらに30日間、延長して審査をしてもらうことができる。
● FTCかDOJは最初の審査後、両社に追加の情報や書類を求めることがある。これは「セカンドリクエスト」と呼ばれ、両社は要求されたすべての情報を提供するまでM&Aを完了できない。
● FTCかDOJは、この案件が反競争的であると判断した場合、これを阻止するために提訴することもある。ステープルズは判事がFTCの請求を認めたため、オフィス・デポの買収を断念した。最近では、2022年2月23日にDOJがユナイテッドヘルス・グループによるチェンジ・ヘルスケアの買収を阻止するために提訴した。両社はこの取引をあきらめる代わりに、裁判に賭けることにした。アービトラージャーにとってうれしいことに、両社は2022年9月19日に勝訴し、買収は2週間後に完了した。

業界や関係する国によっては、FTCやDOJ以外の規制当局による承認を受けなければならない場合もある。例えば、保険会社の案

件や公益企業の合併においては、これらの企業が複数の州で事業を展開している場合、複数の州当局による承認が必要になるため、時間がかかる可能性が高い。

国境を超える国際的案件はCFIUS（対米外国投資委員会）という機関による審査を経る必要がある。CFIUSが国益に反すると判断すれば、M&Aを中止させることができる。中国の未公開株式投資会社が韓国の半導体企業マグナチップを買収しようとしたときがその一例だ。この案件でCFIUSが外国籍企業の調査を決定したのは、買収によってアメリカの安全保障に対するリスクが生じると判断したためである。CFIUSは2017年にも、中国のベンチャーキャピタル企業がオレゴン州ポートランドに拠点を置く半導体企業ラティス・セミコンダクターを買収しようとしたとき、それを阻止するように勧告した。半導体企業の案件に関する問題では１つのパターンが現れ始めており、これらの案件ではスプレッドが大きくなる傾向にある。

他国の規制当局も買収や合併を阻止している。アメリカのFTCに相当する中国のSAMR（国家市場監督管理総局）は、クアルコムによるNXPセミコンダクターズの買収について、「アウトサイドデート」（買収を完了させなければならない期限）まで決定を下さず、期限切れにさせた。

イギリスのCMA（競争市場庁）は、イルミナがパシフィック・バイオサイエンシズ・オブ・カリフォルニアの買収を完了させた場合の競争への影響を懸念していた。最終的に2019年後半にその買収を中止させたのはFTCだった。つまり、国境を越える案件でなくても、その企業が事業を展開している国からも承認を得なければならないのである。ツイッターの買収では、日本、イギリス、欧州委

59

員会による承認が必要だったが、ありがたいことに中国による承認は必要なかった。ツイッターは中国では禁止されていたからだ。

合併アービトラージの最後の節では、株式の購入やオプションの利用など、合併アービトラージ戦略を実行するさまざまな手法を取り上げる。

合併アービトラージ戦略のさまざまな実行方法

合併アービトラージ戦略を実行する最も単純な方法は、ツイッターの全額現金での買収のように、株主投票を経る案件を利用することである。ツイッター株を買って、買収が完了するまで待っていれば、買収完了後に売った株1株につき54.20ドルが現金で口座に振り込まれる。

その案件がTOB（株式公開買い付け）による場合、株主は証券会社に電話をして、自分で応募する必要がある。TOBについては、自社株買いの章で詳しく説明する。株式の公開買い付けに応募するのを忘れているうちに、買い付け側が株式の「多数（majority）」を取得した場合、彼らはいわゆる「第2段階」に移り、残りの株主に現金を渡して強制的に株式を取得する。

「多数」が何を意味するかを定めた規則は、会社がどの州で設立されたかによって異なる。また、国によっては自動的に「第2段階」に移らないため、自分で電話をして持ち株の公開買い付けをしてもらわなければならない場合もあるので、注意が必要である。

国際的な案件の場合、税務関連書式の記入など、注意すべき規則が存在する場合もある。例えば、イスラエルでは取引完了時に支払われる金銭に対する源泉徴収を避けるためには、書類に記入する必

要がある。通常、証券会社が関連書類を見つける手助けをしてくれる。会社側がこれを処理する第三者を指定しないかぎり、記入が完了したら証券会社にも書類を送付する。

単純な方法から先に進むと、アービトラージャーが戦略を実行する方法は、特に株式オプションと組み合わせた場合、かなり独創的なものもある。

株式オプションに馴染みのない投資家のために、次に簡単な説明後、合併アービトラージでオプションを利用する4つの方法を説明する。すでにオプションを利用したことがあるか、理解している人は、この章の「アービトラージで利用するオプション」の節まで読み飛ばしてかまわない。

オプションの簡単な説明

株式オプションは投資家に一定期間、特定の株式を定められた価格で売買する権利を与える。この株式を「原資産」、価格を「権利行使価格」、期間終了日を「満期日」と呼ぶ。

ある価格で株式を買う権利をコールオプションと言う。ある価格で株式を売る権利をプットオプションと言う。オプションは数日から数年の範囲でこの権利を与える。

まず、プットから説明しよう。プットは多くの点で、私たちの多くがすでに日常的に使っているものとよく似ているからである。プットは保険のようなものと考えることができる。自動車保険に加入すれば、事故を起こしたときに突然、多額の賠償責任を負わずに済む。この保険は通常、保険料（プレミアム）を支払うことで一定期間補償され、保険料をさらに支払えば補償を延長できる。支払う保

険料は、事故によって車やその乗員や巻き込まれたほかの人に生じる損害に対する賠償責任に比べれば、わずかな金額だ。

この自動車保険とプットを比較するために、数年前の新型コロナウイルスが大流行していた時期に、アップル株を分割調整済みで70ドルで買って大量に保有しているという状況について考えてみよう。2023年9月の株価は174ドルを少し上回る水準で、この大きな株式ポジションには多額の含み益が生じている。

2023年9月の美しい秋のある日、あなたは家を初めて買おうとしているが、金利が数十年来の高水準にあるため、ためらっている。家の購入は2年ぐらい先延ばしにしてもかまわないが、頭金の20%に充てる予定のアップル株が今後2年のうちに下げないか不安だ。今売れば、株式売却益に対して多額の税金を今年払う必要がある。さらに、アップル社がアップルカーを発売するか、アップルウオッチの最新モデルで火星に情報を送れるようになった場合、株価の上昇を逃してしまうかもしれない。

逆に、アップルが製造工程の一部を中国からインドやベトナムなどの国に移すという決定を下せば、中国を怒らせるリスクがあることも心配している。中国はアップル製品にとって非常に大きくて重要な市場である。最近、中国が国営企業や政府機関でiPhoneの使用を禁止する予定だという憶測が流れて、あなたは不安を感じている。そのうえ、株式市場は史上最高値を付けていて、不安はさらに高まっている。

これらの不安を同時に解決できるだろうか。少額のプレミアムを払いさえすれば、金融市場が願いをかなえてくれる。アップル株を170ドルで売ることができるプットで、2025年12月に満期を迎えるものを1枚19ドルで買っておけば、アップル株が上昇し続けた場合

第2章　合併アービトラージ

に利益を得ながら、下落時に身を守るという目標を達成できる。

　あなたが買ったものを理解するために、最後の文を分析しよう。これは、2025年12月の第3金曜日までは、何らかの理由でアップル株の価値が半減して、現在の174ドルから87ドルまで下げても、170ドルで売ることができるという意味である。

　この小さな保険には1株当たり19ドルかかる。オプション1枚は100株に相当するため、この保険の保険料（プレミアム）は100株当たり1900ドルだった。500株を保有していたら、それをカバーするのにプットを5枚買えばよいが、保険料は9500ドルかかる。これはアメリカンタイプのオプションなので、満期日までならいつでも権利を行使できる。2025年4月に夢のマイホームが見つかり、そのときのアップルの株価が110ドルだった場合、買っていたプットオプションの権利を行使して、1株当たり170ドルで売ることができる。一方、ヨーロピアンタイプのオプションは満期日にしか権利を行使できない。

　170ドルでアップル株を売る権利があり、満期が2025年12月のプットオプションを買ったトレードの反対側にはだれがいるのだろうか。それは保険会社のように振る舞う別のトレーダーや投資家やファンドや投資銀行だ。彼らはアップル株が満期日前に151ドルを下回る確率は低いと思っているので、あなたが進んで支払うプレミアムを自分のものにしたがる。あなたは1株当たり19ドルを前払いしたので、彼らの損益分岐点は170ドルではなく、151ドルになる。株価が151ドルを下回れば、彼らは損をし、その水準を上回り続ければ利益になる。彼らにとっての理想的な展開は、満期日まで株価が170ドル以上を維持し続けることである。そうすれば、保険は使われないからだ。例えば、プットの満期日に株価が200ドルだとする。

63

あなたはオプションを使って 1 株170ドルで売るのではなく、公開市場で200ドルで売るはずだ。すると、プットは期限切れで無価値になる。これは自動車保険に加入して、毎年保険料を支払っているが、一度も事故に遭わずにいるようなものである。

　コールは、プットとは逆に一定期間（満期日）まで、特定の価格（権利行使価格）で株式を買う権利をオプションの買い手に与える。例えば、アップルは来年に車を発売すると確信していて、数年後には電気自動車の新車市場の半分を占めると考えているとする。アップル株は現在174ドルだ。100株買うと 1 万7400ドルかかる。あなたはそこまでの大金は手元にないが、4000ドルは持っていて、アップルを23株（正確には22.9885株）買う代わりに、もっと大きく100株のトレードをしたい。

　あなたはアップルが新車を発売して、売り上げも利益も急増すると確信しているが、それがいつになるかについては確信が持てない。そこで、満期が2025年12月で権利行使価格が170ドルのアップルのコールを選んだ。このコールのプレミアムは 1 枚当たり38ドルで、権利行使価格が同じ170ドルのプットよりもプレミアムがほぼ 2 倍である。 1 枚は100株に相当するため、トレードにかかる総コストは3800ドルになる。

　ここで、コールのプレミアムがプットの 2 倍近くであるのには 2 つの理由がある。このコールは権利行使価格が現在の株価174ドルを少し下回っていて、いわゆる「イン・ザ・マネー」の状態だからである。つまり、オプションを買った直後に権利を行使してアップル株を170ドルで買えば、すぐに 1 株当たり 4 ドルの利益が得られる。もっとも、多額のプレミアムを支払ったことを考えると、こんなとをしても何の意味もない。プレミアムは、アップル株を170ドル

で買う時間を手に入れるために支払ったものだからだ。コールが割高な2つ目の理由は、2025年12月までにアップル株が上げる確率のほうが、大幅に下げる確率よりもはるかに高いと市場が見ているからである。トレードの相手側であるコールの売り手は、もっとお金を払ってくれないと、このトレードは引き受けられないと思っているのだ。

これら両方のトレードの相手側をオプションライターと呼ぶ。ライター（売り手）は、カジノにおける「ハウス（胴元）」のようなものだ。たいていのギャンブルでは、ハウスのほうが有利である。ルーレットでギャンブラーが勝つことはあるが、ルーレットを何回も回しているとハウスが有利になる、と彼らは分かっている。オプションの大半は無価値で終わり、オプションの売り手はたいてい買い手からプレミアムを受け取り続ける。株価が突然、予想外の動きをして損をするまで、こうした状態になる。これはカジノでギャンブラーが勝ったときのハウスや、事故が発生したときの保険会社とよく似ている。

オプションライターがすでに原資産の株式を持っていて、その株式のコールを売る戦略をカバードコールと言う。例えば、アップルが自動車を発売し、iPhoneの次期モデルが飛ぶように売れたため、アップルの株価が2025年12月までに1株300ドルに急騰した場合、コールを買った人は権利を行使して、170ドルでアップル株を買うことができる。カバードコールを買うために支払ったプレミアムの38ドルを差し引いても、このトレードで1株当たり92ドルの利益が得られる。一方、カバードコールを売った人は、170ドルでアップル株を売らなければならず、手にしたプレミアムを合わせても、売値は1株208ドルにとどまる。

アービトラージで利用するオプション

　アービトラージで追加リターンを狙うには、持ち株のカバードコールを売ってプレミアムを受け取ればよい。このコールはM&Aの完了予定日後に満期になるのが理想的である。カバードコールを売るということは、買収合戦やより高値での自社売却の申し出は予想しておらず、上値追いによって生じる株価の上昇分をあきらめる意思があることを意味する。リスクが小さくて、買収は完了すると考えられているためにスプレッドが小さい案件の場合、カバードコールで得られるプレミアムはごくわずかでしかない可能性がある。

　現金と株式交換による買収の場合、買収される企業の株主が持ち株と同じ株数分だけ買収側の株式を空売りしたと仮定すると、利益の一部は現金で、残りは空売りの買い戻しによって得られる。その買収でのスプレッドが大きくて、リスクが高いとみられている場合、投資家は買収が失敗した場合に備えてプットを買って、下落リスクに備えることもできる。

　マイクロソフトが2016年にLinkedlnを買収したとき、私はこれができた。プットで下落リスクに備えたあとでも、かなりのスプレッドがあった。プットがどの程度「アウト・オブ・ザ・マネー」である必要があるかはどれくらいのリスクをとる気があるかによって決まる。また、満期日は買収がいつ完了するかで決まる。プットに支払うプレミアムを差し引くと、得られるスプレッドは小さくなるし、買収が遅れるとプットが無価値になる可能性もある。

　下落リスクを小さく抑えつつスプレッドをとらえるもう１つの方法は、買収完了予定日の直後に満期を迎えるコールを買うことである。私は未公開株式投資会社のアポロ・グローバル・マネジメント

によるアポロ（営利目的の教育関連会社）の買収でこれを実行した。繰り返しになるが、コールのプレミアムを支払うことで、スプレッドの一部を失うが、オプションにはレバレッジがあるため、このトレードはレバレッジを効かせることができる。コールを買った場合のリスクは、買収が完了しないか遅れた場合に、プレミアムを失うということだ。

　投資家は買収予定株価のすぐ下が権利行使価格で、満期日が買収完了日よりも将来のプットを売ることもできる。買収が完了すれば、買い手のプレミアムを受け取ることができる。しかし、買収が失敗するか延期されると、権利行使価格で株式を買う必要に追い込まれる。このような状況でのプレミアムは近年、非常に安くなっている。

　これらの戦略には特定の種類の案件にしか使えないものもあり、リスクとリターンはそれぞれ異なる。繰り返すが、合併アービトラージがリスクアービトラージとも呼ばれるのには理由がある。

案件の不成立とそのほかのトレード機会

　合併アービトラージで失敗すると痛い。狙っている利益が5％の案件が成立しなかった場合、資金の30～50％が吹き飛ぶこともある。アービトラージャーがアービトラージの世界を離れたあとに、投資家として大成功を収める理由はここにあるのかもしれない。彼らは常に成功する確率を判断し、うまくいかない可能性がどこにあるかを考え、ほかの投資家が無視するような細部にまで注意を払う。

　トレンドやテクニカル指標に基づいてトレードを行う投資家は、特定のシグナルやパターンを探してその後の展開を予測する。同様に、アービトラージャーは、案件がうまくいきそうかどうかを判断

するためにスプレッドのトレンドを見る。

　マーク・ミッチェルとトッド・パルビーノは論文「キャラクタリスティクス・オブ・リスク・アンド・リターン・イン・リスク・アービトラージ（Characteristics of Risk and Return in Risk Arbitrage）」で、成立しなかった案件では、案件の発表直後からスプレッドが大きく、不成立が明らかになる前にさらに大きくなる傾向があると述べている[6]。

　この2人は投資会社AQRアービトラージの共同設立者である。会社を設立する前、ミッチェル博士はシカゴ大学ブース・スクール・オブ・ビジネスで金融論の教授であり、それ以前はハーバード・ビジネス・スクールの教授だった。パルビーノ博士はノースウエスタン大学ケロッグ経営大学院の終身准教授だった。

　本章ですでに説明したように、インサイドアービトラージの2010〜2022年のデータベースから抽出したデータによると、買収が発表された案件の95％で実際に買収が完了していて、失敗率は5％だった。**図表2.4**は2022年末時点で買収が完了した数、失敗した数、新たに買収を申し出た数、そしてこれを作成した時点で進行中の数を示している。2022年に買収を発表した案件の多くは、このデータを分析した時点ではまだ進行中だったため、2022年のデータは割り引いて受け取ってもかまわないが、全体としては結果に影響しない。

　ここまで、買収の成功率や失敗率、買収が発表された時点から完了か中止に至るまでに、成功した案件と失敗した案件がどういう動きをしたかを見てきた。次に、**図表2.4**で見た期間よりも以前のデータで、マクロ経済要因が案件にどう影響したかを調べてみよう。

　OFIアセット・マネジメントのファビエン・クレティン、スリマン・ブアチャ、ステファン・ディユドネによる論文『マクロエコノ

図表2.4　買収の成功、失敗、新たな申し出の年別推移（2010〜2022年）

発表年	進行中	完了	失敗	新たな申し出	合計	成功率
2010		210	10	3	223	94%
2011		193	8		201	96%
2012		201	5		206	98%
2013		182	8	1	191	95%
2014		181	5		186	97%
2015		210	14	6	230	91%
2016		219	6	3	228	96%
2017		200	12	5	217	92%
2018		200	8	1	209	96%
2019		183	5	5	193	95%
2020	1	137	12	4	154	90%
2021	3	204	8	6	221	94%
2022	102	85	2	2	191	98%
合計	106	2405	103	36	2650	95%

出所＝InsideArbitrage.com のデータベース

ミック・ドライバーズ・ビハインド・リスク・アービトラージ・ストラテジー（Macroeconomic Drivers Behind Risk Arbitrage Strategy）』では、1998年1月〜2010年9月に発表されたアメリカとカナダでの1911件のM&Aを分析している[7]。

　この論文で1つの図表が目を引いた。2001〜2003年や2008〜2009年のような弱気相場では、いかにスプレッドが広がり、失敗率が上昇するかが示されていたからである。成功率は平均で95％ぐらいで、発表されたM&Aのほとんどは完了に至る可能性が非常に高いが、平均がどういうものかはよく知られているとおりだ。身長180センチの人が平均水深150センチの川で溺れることもある。次節では、M&Aが失敗した案件のケーススタディーを2つ取り上げる。失敗した案件に注目すると、成功率が高まるからだ。また。案件の失敗後にトレードの機会があるからでもある。

　最終合意に達したM&A案件の95％が実際に完了することを考慮

すると、合併アービトラージ戦略を用いた場合、M&Aの失敗が全リターンに及ぼす影響が不釣り合いに大きいため、本章のケーススタディーでは失敗した案件に焦点を当てる。

ケーススタディー1──ライトエイド

イタリアの億万長者であるステファノ・ペッシーナは1977年に家業の医薬品卸売業を引き継いで、自分の帝国を築き始めた。交渉が得意で「シルバーフォックス」と呼ばれるこの人物は一連のM&Aを経て、世界最大級のドラッグストアチェーンであるウォルグリーン・ブーツ・アライアンスのCEO兼会長になった。このチェーンストアはアメリカではウォルグリーンズチェーンとデュアン・リードチェーン、イギリスではブーツチェーン、メキシコではベナビデスを運営している。ドラッグストアの店舗数はアメリカではなんと8886店舗、その他5カ国では4000店舗近くある。

2015年10月、ウォルグリーンはアメリカで第3位のドラッグストアチェーンであるライトエイドを172億ドルもの巨額で、1株当たりでは9ドルの現金で買収する契約を結んだ。買収発表当時、ライトエイドは31州とコロンビア特別区で4600店舗を展開していた。

この買収が発表された当時、CVS、ウォルグリーンズ、ライトエイドがアメリカの3大独立ドラッグストアチェーンで、国内の調剤売り上げの約3分の1をそれらが取り扱っていた。残りは通信販売や専門薬局、それにウォルマート、ターゲット、コストコ、クローガー、アルバートソンズなどの店舗内に併設された薬局が取り扱っていた。

ウォルグリーンズとライトエイドにとって不運だったのは、買収

を発表したわずか数カ月後、ターゲットが小売薬局事業をCVSに19億ドルで売却すると決定したことだ。CVSはターゲット内に併設された薬局1672店舗を管理するようになり、3大チェーンが所有するアメリカのドラッグストアの比率はさらに高まった。

　規制当局はウォルグリーンズによるライトエイドの買収を厳しく審査した。波乱の21カ月後、両社はこの取引を断念した。FTCをなだめるため、両社はライトエイドの865店舗を別のドラッグストアチェーンであるフレッズに売却することで合意した。しかし、FTCはそれでも満足しなかった。この合意発表から15カ月以上たって、両社は1株当たり6.50〜7ドル（規制当局を満足させるためにライトエイドが売却しなければならない店舗数による）で合意をやり直した。

　ウォルグリーンズとライトエイドは最終的に1200もの店舗を売却する準備をし、フレッズは取締役を増員してこの買収の準備を始めた。しかし、規制当局はライトエイドが店舗の4分の1近くを売却するにもかかわらず、この新たな合意を受け入れようとはしなかった。彼らは2015年に行われた食料品チェーンのアルバートソンズとセーフウェイの合併の事例を指摘した。この合併は両社が168店舗をさまざまな企業に売却することに合意して、ようやく承認された。売却店舗のうちの146店舗はハーゲン・ホールディングスが買収した。それから1年もしないうちに、ハーゲン・ホールディングスは連邦破産法11条の適用を申請する事態に陥り、当時プライベート・エクイティ・ファームが所有する非上場企業だったアルバートソンズを訴えた。

　FTCは2012年にレンタカー大手のハーツがライバル企業のダラー・スリフティを買収したときに、同じ光景を目撃していた。ハーツは

規制当局の承認を得るため、一部の事業部門と29のレンタカー店舗をフランチャイズ・サービス・オブ・ノースアメリカという企業に売却した。そして、あなたの予想どおり、それから1年もしないうちに、フランチャイズ・サービス・オブ・ノースアメリカは破産を申請した。ハーゲン・ホールディングスやフランチャイズ・サービス・オブ・ノースアメリカのような破産によって、大手はさらに強くなり、競争はいっそう低下する。これはFTCが望むこととは正反対である。

2017年6月29日、ウォルグリーンズとライトエイドは規制上の問題のせいで、買収を断念することに合意し、ウォルグリーンズはライトエイドに違約金3億2500万ドルを支払った。話はここで終わりではなかった。ウォルグリーンズはペッシーナの指示によって、最終的にライトエイドから2186店舗を57億5000万ドルで取得することになった。

小規模になったライトエイドは買収中止後の数年間、経営上の重大な過ちを犯して赤字を続けた。株価は90％以上も下げた。途中、挽回の機会は何回かあったが、それも失敗に終わった。ここでアルバートソンズが再び登場し、2018年にライトエイドとの合併による上場を目指した。このとき、邪魔をしたのはライトエイドの株主だった。彼らは大いなる知恵、あるいは知恵の欠如によって、この案件に反対票を投じることに決めた。彼らは、ライトエイドがアルバートソンズのせいで莫大な負債をさらに抱えることを懸念したのだった。

アルバートソンズは自力で上場を果たしただけでなく、本書を書いている時点で、246億ドルで別の大手食料品チェーンのクローガーとの合併をしようとしている。この案件では、これを書いている

72

時点でスプレッドが39％と非常に大きく開いている。あなたが思っているように、規制上の懸念があるからである。

ライトエイドの例とは異なり、買収が失敗しても、たいていはすべてが失われるわけではない。アマースト・レジデンシャルによる1株12.50ドルでの買収契約が解消されたフロントヤード・レジデンシャルのように、その後、新たな買収契約に成功する企業もある。1年後、フロントヤードはプレティアムとアレス・マネジメントによる1株13.50ドルというより高値で買収されることに合意した。中国の山東金鉱業によるTMACリソーシズの買収失敗後、26％のプレミアムでアグニコ・イーグルがTMACを買収したように、買収失敗のわずか2週間後に新たな買収が実現する場合もあれば、新たな買収が実現するまで何年もかかる場合もある。

しかし、買収が失敗した場合の本当のトレードの機会は、新たな買収企業が現れる可能性でも、買収対象の企業が買収中止で受け取る違約金でもなく、多くの場合、買収失敗後に生じる株式の手仕舞い売りである。アービトラージを重視するファンドの多くは買収失敗後にポジションを解消するため、その後の数日間は対象企業の株価が下げることが多いからだ。

ケーススタディー2──ロジャース

ライトエイドの例は、FTCのような規制当局がM&A案件をどう見ているかを理解するのに役立った。2番目のケーススタディーでは、規制当局が審査を極端に長引かせたため、その機会を利用して、もはや魅力的でなくなった案件から買収側の企業が手を引く状況を見ることにしよう。SAMRほどアービトラージャーを恐怖に

陥れる略語はない。SAMRは、よくM&A案件が破綻するところだ。アメリカにFTC、イギリスにCMA、ヨーロッパにEC（欧州委員会）があるように、中国にはSAMRがある。これらの規制機関はそれぞれ、管轄下にある市場で十分な競争が行われ、M&Aが独占につながらないようにする任務を負っている。

アメリカに拠点を置く２つの企業が合併するとき、他国でも事業を展開している場合にはその国の規制当局の承認を受ける必要がある。承認が必要な国は通常、最終的な合意書に記載されている。

SAMRがクアルコムによるNXPセミコンダクターズ買収の可否を判断せずに、時間切れに追い込んだ例を以前に述べた。そのとき、クアルコムは何とか買収を完了させようとして、契約の最終期限を延長し続けた。すべての買収側企業がアウトサイドデートを延長して、熱心にSAMRの決定を待つわけではない。

2021年10月２日、デュポンは同業のエンジニアリング材料会社ロジャースを52億ドル、１株当たりでは277ドルの全額現金で買収すると発表した。デュポンは46％のプレミアムを支払うほど買収に積極的だった。

買収発表後、３カ月もしないうちに、アメリカの独占禁止法の審査を通過した。その約１カ月後、株主は買収を承認した。株主による承認から８カ月後、両社はSAMRを除いて、すべての規制当局から承認を得たと発表した。SAMRの要請によって、デュポンは買収計画の通知をいったん取り下げて、再提出した。その約１カ月後、つまり買収発表から約13カ月後、デュポンは規制当局からすみやかに認可を受けられなかったとして買収を中止した。デュポンはロジャースに16億2500万ドルの違約金を支払い、ロジャース社の株価は１日で100ドル以上も暴落した。

74

SAMRによる承認には12～15カ月かかることもあり、企業は案件に全力を尽くす必要がある。デュポンの場合、買収契約締結後にマクロ経済環境が大きく変化した。世界は低金利の環境から、インフレ抑制のために過去数十年で最大規模の金利上昇の環境に変わった。FRB（連邦準備制度理事会）が景気のソフトランディングを実現できなければ、景気が後退するとの懸念が広がった。

SAMRでたなざらしにされている案件はほとんどの場合、スプレッドが大きくなるため、アービトラージャーを引き付ける。たとえスプレッドが大きくても、案件の審査がいつ通るか見通せないまま毎月遅れていくことで受ける脳のダメージや睡眠不足は補えない。また、最終的に案件が審査に通っても、年率換算でのリターンは下がる。経験豊富なアービトラージャーはリスクの大きい国際的な案件や、銀行、保険、公益セクターの案件を避ける。銀行、保険、公益事業の案件は事業を行っている地域以外の規制当局による承認を必要とするからだ。

反発狙いのトレード

M&Aが失敗した案件がすべて同じわけではない。そのため、株価の反発を狙ったトレードをする前には、それらの案件を分析しておくに限る。私はデュポンがロジャーズを買収しようとしたときに、ロジャーズに投資し、投げ売りが出尽くしたあとに予想される株価の反発で利益を得た。このトレードは短期間でうまくいったものの、仕掛けも手仕舞いも早すぎた。数日待って仕掛け、もっと長く待ってから手仕舞っていれば、リターンはずっと良かっただろう。

保険大手のエーオンによるウィリス・タワーズ・ワトソンの344

億5000万ドルという巨額での買収は2021年半ばに中止になり、その後に同様のトレード機会が生まれたが、**図表2.5**で分かるように、株価はロジャースのときよりもはるかに早く反発した。

C型肝炎は血液を介してウイルスに感染する病気で、肝臓に炎症を起こし、場合によっては肝臓に深刻な障害をもたらす。2013年12月にソバルディという薬がFDA（食品医薬品局）に承認されるまでは、この感染症を治す治療法はなく、患者は慢性疾患に耐えながら、他人に感染させるリスクも背負わなければならなかった。

ソバルディを開発していたファーマセットが第3相試験を実施していたとき、バイオテクノロジー大手のギリアド・サイエンシズがこの会社を110億ドルという巨額で買収することを決定した。2011年11月に買収が合意されたとき、ギリアドの時価総額はわずか300億ドルであったため、従業員がわずか82人の人気製品もない会社に110億ドルを賭けることに投資家たちは衝撃を受けた。

ギリアドはファーマセットを買収するために89％のプレミアムを支払ったが、これはファーマセットの株価が前年に3倍以上になったあとのことだった。ギリアドのこの大胆な賭けは報われたのだろうか。

この賭けは報われただけでなく、薬が承認されると、ギリアドの年間売上高が250億ドルになるのに貢献した。3カ月コース1回でC型肝炎が治癒したため、ギリアドの治療薬の需要はすぐに桁外れに大きくなった。

会社にとって最大の欠点は、この薬が患者を完治させるため、リピーターがいないことだった。患者にとっての欠点は薬代がとんでもなく高いことで、アメリカでは3カ月コースで8万ドル以上かかった。先進国では非常に高額の請求をする一方で、一部の新興国市

第2章 合併アービトラージ

図表2.5 ウイリス・タワーズ・ワトソンの株価チャート

出所＝LnsideArbitrage.com

場ではフルコースでもわずか500ドルで販売しているとして非難を浴びた。

　ギリアドによるファーマセットの買収が発表されたとき、投資家たちはソバルディが承認されるのか、承認までどれくらい時間がかかるのか、ギリアドがどういう価格設定をするのか知らなかった。この買収が発表されるとギリアドの株価は急落し、私は長年この会

社を追いかけてきたにもかかわらず、この下落後に株式を買わなかったことを今でも後悔している。

買収側企業の株価のこうした下落は、案件がすべて株式交換によるか、現金と株式交換による場合、さらに激しくなる可能性がある。スプレッドから利益を得るためには、買収側企業の株を空売りする必要があるため、買収側企業の株に一時的な下落圧力がかかる。買収の失敗後に買収される企業の株価が一時的に下落することについて述べたのと同様に、大型案件が発表されたあとには買収側企業の株価下落から利益を得られる可能性がある。

これらの状況は一般的ではないが、合併アービトラージ戦略で利益を得る方法がいくつかあることを示すために述べた。この戦略での経験を積めば、利益を得る独自の方法を考え出せるだろう。

債券に代わる手法

だれでも「安く買って高く売れ」と言いたがる。お買い得品のときに買い、高くなってから売るのは理にかなっているが、投資をしばらく続けている投資家ならだれでも、これは「言うは易く行うは難し」であることを実感している。しかし、平均では安く買って高く売る方法はある。

どうすればこれができるのかを説明するために、まずポートフォリオで債券が果たす役割を説明したあと、合併アービトラージでそれを実現する方法を見ていこう。

何十年もの間、ファイナンシャルアドバイザーは顧客の資産運用に、ポートフォリオの60％を株、40％を債券で運用する「60対40」という手法を用いていた。株と債券は逆相関の関係にあり、一方が

第2章　合併アービトラージ

上がれば、もう一方が下がるため、この手法はうまく機能した。

　この種のポートフォリオは半年ごとや1年ごとなど、一定期間ごとにリバランスがなされる。ある投資家が10万ドルを元手に、6万ドルを株、4万ドルを債券に投資したとしよう。また、幸運にも猛烈な強気相場の最中に投資したため、株は絶え間なく上昇し、投資家を大いに喜ばせているとしよう。半年後、ポートフォリオの株は25％上昇して7万5000ドルになったが、債券は3万5000ドルまで下落したとする（両者は逆相関するることが多いのを思い出してほしい）。

　ポートフォリオの総額は11万ドルになった。ファイナンシャルアドバイザーはポートフォリオの株の部分を6万6000ドルになるまで売り、その資金で債券の配分を4万4000ドルに増やして、11万ドルのポートフォリオを60対40に維持する。

　これは「安く買って高く売れ」というアドバイスに対するルールに基づく手法であり、意思決定のプロセスから感情を排除したものだ。半年単位では常に最良の判断にはならないかもしれないが、長期的にはうまくいく傾向がある。

　債券投資家、すなわちデットへの投資家はほとんどの場合、リスク回避の傾向があり、たとえ利払いによるリターンが小さかったとしても、彼らにとっては運用資産を保護することが重要なのだ。債券には、アメリカ国債、社債、地方債、新興市場債など、さまざまな種類がある。

　債券にはかなりリスクが高いものがあり、ハイイールド債とかジャンクボンドと呼ばれる。これらの債券への投資家は高利回りと引き換えに、債務不履行に遭うリスクを引き受ける。家を担保にする住宅ローンとクレジットカードでの借金の違いを考えてみよう。住

宅ローンの貸し手は住宅所有者がローンを返済できずに債務不履行に陥った場合、住宅を売れば貸したお金のすべてか一部を回収できる。クレジットカード会社にはクレジットカードによる借金に対する同様の保護がない。そのため、住宅ローンとクレジットカードによる借金では金利に差がある。

債券にはさまざまな満期があり、満期に応じて金利も変わる。債券の金利が５％で、10年後に満期を迎える場合、その債券への投資家は10年間、年５％の金利を支払われ、10年後に債券発行者が債務を返済するときに資金が戻ってくる。

債券は満期前に流通市場で売ることもできる。金利が５％の債券を買って５年後に資金が必要になったために、流通市場で売りたいとする。その時点で金利が上昇していて、10年満期の債券の金利が７％になっていれば、流通市場の投資家はあなたが金利５％の債券を割り引きして売ることを期待する。額面1000ドルで買った債券は、約900ドルで売らなければならないだろう。

その債券を買った投資家は今後５年間、債券の年利５％を受け取り、満期時に債券発行者が債務不履行に陥っていなければ、債券発行者から1000ドルが支払われる。買った900ドルの債券が1000ドルで満期を迎えると、投資家は金利に加えて100ドルのキャピタルゲインが得られる。

債券市場が数十年にわたる強気相場だったため、60対40のポートフォリオはうまくいった。2022年には金利が上昇に転じたため、債券は打撃を受けた。これからの数十年間は債券市場にとって以前ほど優しくないかもしれない。

合併アービトラージは債券投資に代わる優れた選択肢になる。高金利の時期に打撃を受けるのではなく、お金の時間価値を考慮する

とスプレッドが大きくなるため、リターンが良くなるからである。

アービトラージャーは買収が失敗するリスクだけでなく、資金が縛られているせいで銀行口座やCD（譲渡性預金）に預けていれば得られる利子を犠牲にしているので、それに対しても補償されなければならない。

アービトラージにおけるポートフォリオの組み方によっては、金利リスクがない債券ポートフォリオと同じ特徴をある程度まで模倣することができる。

スプレッドが大きい案件での取引を選ぶ投資家は多くの点で、ハイイールド債やジャンクボンドの投資家と同じリスクをとっている。

危機の時期には、ほとんどすべての相関が1になり、それまで相関がなかった資産が一斉に下落する可能性があることを頭に入れておくことが重要である。

合併アービトラージの負の側面

1961年、カナダ政府はブリティッシュ・コロンビア電力の全資産を強制的に買収しようとした。法廷闘争の末、両者は最終的に22.20ドルで合意に達した。この法廷闘争の最中、ブリティッシュ・コロンビア電力は一時19ドル前後で取引されていて、1株当たり3ドル以上のスプレッドがあった。チャーリー・マンガーは買収が完了すると確信していたので、ブリティッシュ・コロンビア電力のポジションを大きく取るようにウォーレン・バフェットを説得した。彼はまた、自分の全財産をつぎ込んだうえに借金までして、そのスプレッドをとらえようとした。

合併アービトラージの負の側面は、不成立に終わる5％の案件に

よってポートフォリオに大きな穴が空く可能性があることだ。発表されたすべての案件に投資するという分散戦略を用いるのであれば、歴史的には全案件の95％が成立するという事実は心強い。しかし実際には、投資家が何十もの案件に同時に投資をすることはまずない。マンガーと同様に、投資家は取引をする案件を選ぶ傾向がある。スプレッドの大きな案件でアービトラージを行い、案件が不成立に終わっても株を保有し続ければよいという考えだとしても、そのセクターのファンダメンタルズは変わる可能性がある。

トロント・ドミニオン銀行が地方銀行のファースト・ホライズンを134億ドル、１株当たりでは25ドルですべて現金による買収を発表したとき、私は投資をした。この買収が発表されたとき、ファースト・ホライズンはアメリカで37番目に大きい銀行で、約890億ドルの資産があった。この案件でのスプレッドは最初は小さかったが、その後次第に開いて20％以上になり、アービトラージの好機になった。やがて、両行が規制当局による承認を得られそうになると、スプレッドは１％足らずまで縮小し、買収完了を待たずに手仕舞いたいアービトラージャーにとって絶好の機会となった。

最後の１％足らずをも手に入れようと待った人は大きな痛手を被った。2023年初頭に、シリコンバレー銀行を含む複数の大手行が破綻し、銀行業界全体に衝撃が走ったからである。ファースト・ホライズンとトロント・ドミニオンはこの案件の中止を決定し、ファースト・ホライズンの株価は急落して10ドル以下になった。これはトロント・ドミニオンが買収しようとしたときの25ドルとは大違いだった。

残念ながら、合併アービトラージ戦略を発見したばかりの投資家にとって、スプレッドは小さいが成立の確率が高い案件はそれほど

魅力的ではない。年率リターンという考え方が身に付いていないと、3カ月で得られるスプレッドがわずか3％では魅力的ではない。彼らは大きなスプレッドの案件に引かれて、大きなリスクをとりがちだ。マンガーのようにブリティッシュ・コロンビア電力が裁判で勝訴する確率を判断できる法律の知識は、彼らにはないのかもしれない。

　合併アービトラージで長年の実績を持つ機関投資家はスプレッドの小さい案件と大きい案件を同時に取引していることが多いが、スプレッドが大きい案件ではオプションでリスクをヘッジしている。

　合併アービトラージの負の側面は、案件が失敗するリスクと、マクロ経済状況の変化を考慮せずに案件が不成立に終わったら株を持ち続ければよいという考えで始めることの両方から生じる。

本章のまとめ

　合併アービトラージの章をまとめると、次のようになる。

1. 企業がほかの企業と合併したり、より大きな企業に買収されたりする場合、対象になる企業の株が案件の合意価格で取引されることはまれであり、アービトラージャーがとらえることのできるわずかなスプレッドがある。

2. スプレッドが存在する理由には、買収側企業の株主が買収を拒否するリスク、買収側企業が買収資金を調達できないリスク、規制当局が買収を拒否するリスクなどがある。これが、合併アービトラージがリスクアービトラージとも呼ばれる理由である。アービトラージャーは案件が成立しないリスクをとっているの

だ。

3. アービトラージャーは年率リターンを重視する。ある案件での利益がわずか4％でも、4カ月で案件が完了すれば年率に換算すると12％のリターンになる。アービトラージャーは最初の案件が完了したら、同様のリターンが得られる別の案件を見つける必要がある。この場合、資金の複利効果は得られないため、年率リターンを少し高めることはできない。

4. 案件の支払い方法には、全額を現金、全額を株式交換、現金と株式交換の組み合わせ、特別条件の追加がある。アービトラージャーは全額現金での買収を好むことが多いが、これは全額を株式交換や現金と株式交換の組み合わせの案件でスプレッドをとらえるには、買収側企業の株を空売りする必要があるからだ。

5. 2010〜2022年には新型コロナウイルスが大流行して、中止に追い込まれる案件数が急増した時期も含まれていた。それでも、この期間に発表された案件の95％近くが成立した。

6. 買収が中止になると、買収対象だった企業の株価は買収発表前の水準かそれ以下にまで下落するため、アービトラージャーは大きな損失を被る可能性がある。だが、この戦略では買収合戦に発展した案件での株価上昇もある。

7. 買収が中止になると、イベントドリブン戦略を取るファンドが保有株を急いで売却するため、両企業の株価は急落しやすい。こうした企業の株価は投げ売りが一巡すると、短期的なリバウンド狙いのトレード機会が生じる可能性がある。

8. 正式な合併合意がなされると、それを中止するのは非常に難しい。買収側企業は買収対象企業から訴訟を起こされることが多い。そして、こうした訴訟はイーロン・マスクによるツイッタ

第2章　合併アービトラージ

ーの買収で見られたように、たいていは示談で解決される。

9. オプションを使って合併アービトラージ戦略を実行する独創的な方法がいくつかある。

10. 特に低金利で債券利回りが魅力的でない時期には、債券の代替として合併アービトラージを好んで使う投資家もいる。

第3章
インサイダー取引
INSIDER TRANSACTIONS

　投資では、自分の能力の範囲内にとどまっていると非常に報われることがある。その範囲内で見つけられる投資機会は、市場よりも優位に立てる機会であることが多い。LTCM（ロング・ターム・キャピタル・マネジメント）というファンドが大失敗した理由は、ロジャー・ローウェンスタイン著『最強ヘッジファンドLTCMの興亡』（日経BPマーケティング）という本に詳しく書かれているように、彼らが自分たちの能力の範囲からはみ出す決定をした点にある。

　バイオテクノロジー企業への投資は私の能力の範囲を超えており、企業のパイプラインのどの医薬品が製品化されそうかや、それらが競合他社と比べてどういう位置づけにあるか、それらがたとえFDA（食品医薬品局）に承認されても市場でどれほどの強みがあるのかといったことを分析するうえで、私にはエッジ（優位性）がない。私は神経科学やがん免疫学や分子生物学の博士号を持つ友人たちに連絡して、特定の投資機会を理解する手助けをしてもらうことがよくある。しかし、彼らによる賢明なアドバイスにもかかわらず、私は自分が茶葉占いをしているのではないかと思ってしまう。

　ルールには常に例外がある。私がバイオテクノロジー企業で例外

扱いをするのは、すでに認可を受けた製品があって、財務状況が理にかなっている企業で、最も重要なのはインサイダーが公開市場で自社株買いを行っている場合だ。私が探しているインサイダーとはその会社の創業者か、取締役を長く務めている独立社外取締役である。

　新型コロナウイルスが世界的に大流行していた2020年11月に、バーテックス・ファーマシューティカルズが私の目に留まった。その時期に独立社外取締役のブルース・サックスがバーテックス株を平均217.36ドルで１万5000株、総額326万ドル分を買った。彼が最後にバーテックス株を買ったのは2008年のリーマンショックのときで、それから12年近くたっていた。これは明らかに一時的に割安になっている銘柄を買う動きで、バーテックスのインサイダーによる買いはまれだった。彼よりも前にインサイダーが買ったのは唯一、８年前だった。

　サックスが株を買ったころ、彼はバーテックスの取締役を22年近く務めていた。また、アーリーステージのベンチャーキャピタルのCRV（チャールズ・リバー・ベンチャーズ）のゼネラルパートナーも21年間務めていた。CRVはMIT（マサチューセッツ工科大学）で生まれた研究を商業化するために1970年に設立された会社である。

　しかし、決定的だったのは、バーテックスのインサイダー取引に関するアラートをインサイド・アービトラージから受け取ったあるサービス利用者が私に連絡をしてきて、サックスの経歴を教えてくれたときだった。彼によると、サックスは頭が良いだけでなく、非常に勤勉であることで有名だった。1990年代、サックスは週末に帰宅するときにはよくブリーフケース２つ分の書類を持ち帰り、週末に熟読していたという。

第3章 インサイダー取引

　サックスに関するこの逸話は魅力的ではあったが、バーテックスに投資するには不十分だった。いつでも最も良いのは、自分なりにデューデリジェンスを行い、その企業が投資対象として適切かどうかを見極めることだ。バーテックス・ファーマシューティカルズは、がん、疼痛、炎症性疾患、インフルエンザ、その他まれな疾患の治療薬に特化したバイオテクノロジー企業である。この会社はCF（嚢胞性線維症）の根本原因を治療する認可済み医薬品を複数持っている。

　CFは進行性の遺伝病で、肺感染症が持続し、長期にわたって呼吸をする力が弱まる。この会社は鎌状赤血球症、ベータサラセミア、デュシェンヌ型筋ジストロフィー、1型糖尿病などの治療薬のパイプラインを急速に拡大しているが、売上高の伸びと利益を牽引しているのは一連のCF治療薬である。

　厳しい市場環境にもかかわらず、サックスが自社株を買ってからの2年間、バーテックスの株価は40％近く上昇し、S&P500を50％以上アウトパフォームした。長年にわたり、私はこの会社がクリスパー・セラピューティクスと提携し、遺伝子編集を利用して新しい治療法を開発するなど、優れた業績を上げるのを見てきた。バーテックスは私の個人的なポートフォリオの中核銘柄であり続けている。

　あなたはピーター・リンチの、「インサイダーが株を売る理由はいくつもあるだろうが、買う理由はただ1つ、株価が上がると思っているからだ」という言葉を聞いたことがあるだろう。

　フィデリティ・マゼラン・ファンドの有名なマネジャーであったリンチは、1977〜1990年の13年間、投資家たちに年率29％のリターンをもたらし、『ピーター・リンチの株で勝つ』（ダイヤモンド社）という本を書いた。彼のパフォーマンスをまとめると、投資家の資

89

金を３年ごとに２倍にして、彼のファンドの初期の投資家の多くを億万長者にした。

インサイダーに関する彼の発言のうち、売りの部分については正しかったが、買いについては部分的にしか正しくなかった。その理由を述べる前に、まず会社のインサイダーとはだれのことを指すのか、どういう取引がインサイダー取引に分類されるのかを定義しておこう。

会社のインサイダーとはだれか

インサイダーとは、CEO（最高経営責任者）、CFO（最高財務責任者）などの経営幹部からVP（本部長・部長・次長クラス）までを含む会社の経営陣のメンバーのことを指す。取締役会長を含む取締役会のメンバーもインサイダーである。

また、取締役でなくても、ある会社の株を10％以上保有する者もインサイダーとみなされる。これは、あるファンドが特定の企業でポジションを積み増して10％の基準を超えると、インサイダーに分類されるということを意味する。

インサイダーは全員、持ち株の売買のたびにフォーム４と呼ばれる書類をSEC（証券取引委員会）に提出する必要がある。例えば、バークシャー・ハサウェイがHPとオクシデンタル・ペトロリアムのポジションを増やしたときは、それぞれについてフォーム４を**図表3.1**のように提出しなければならなかった。

別の例では、ダン・ロープが運用するヘッジファンドのサード・ポイントが、2021年12月にアップスタート・ホールディングスの株を売却し、2022年４月にセンチネル・ワンの株を売却したとき、フ

ァンドはそれぞれについてフォーム4を提出しなければならなかった。

インサイダーが公開市場で自社株を買う場合や、自社株の売却、オプションの行使、自社株の贈与、自社のセカンダリーオファリングへの参加、自社株の種類の変更などをする場合には、SECにフォーム4を提出しなければならない。

インサイダーも時として、私たちと同じバイアスにとらわれることがある。自社株の高値を覚えているがために、大きく下げると、割安で投資の絶好のチャンスだと思うかもしれない。インサイダーが会社の業務にどっぷりつかっていることを考えると、彼らは視野が狭くなっていて、幅広く見ることができないかもしれない。マクロ環境の変化や業界固有の逆風は比較的早く市場に伝わるが、インサイダーはこうした変化に気づくのが遅れるかもしれない。

私はインサイダーの行動や、彼らが自社株を買ったあとの株価の動きを観察することで、直感的にこの結論に達した。この現象については、エイミー・ハットン、リアン・フェン・リー、スーザン・Z・シュウによる論文『ドゥー・マネジャーズ・オールウェイズ・ノウ・ベター（Do Managers Always Know Better? The Relative Accuracy of Management and Analyst Forecasts)』もある。この論文とその結論については、自社株買いの章で詳しく述べる。

同じ時期に複数のインサイダーが自社株を買っているのに気づくこともある。こうした買いは、1人のインサイダーが繰り返し買うのとは異なる。

複数のインサイダーによる自社株買いは一般にクラスター買いと呼ばれる。

図表3.1　HPの買収についてバークシャー・ハサウェイが提出したフォーム4

SEC Form 4

FORM 4

□ Check this box if no longer subject to Section 16. Form 4 or Form 5 obligations may continue. See Instruction 1(b).

UNITED STATES SECURITIES AND EXCHANGE COMMISSION
Washington, D.C. 20549

STATEMENT OF CHANGES IN BENEFICIAL OWNERSHIP

Filed pursuant to Section 16(a) of the Securities Exchange Act of 1934 or Section 30(h) of the Investment Company Act of 1940

1. Name and Address of Reporting Person* BERKSHIRE HATHAWAY INC	2. Issuer Name and Ticker or Trading Symbol HP INC [HPQ]	5. Relatio (Check al)
(Last)　　(First)　　(Middle) 3555 FARNAM STREET (Street)	3. Date of Earliest Transaction (Month/Day/Year) 04/04/2022	
OMAHA　　NE　　68131 (City)　　(State)　　(Zip)	4. If Amendment, Date of Original Filed (Month/Day/Year)	6. Individ X

Table I - Non-Derivative Securities Acquired, Disposed of, or Beneficially Owned

1. Title of Security (Instr. 3)	2. Transaction Date (Month/Day/Year)	2A. Deemed Execution Date, If any (Month/Day/Year)	3. Transaction Code (Instr. 8)		4. Securities Acquired (A) or Disposed Of (D) (Instr. 3, 4 and 5)		
			Code	V	Amount	(A) or (D)	Price
Common Stock	04/04/2022		P		4,391,884	A	$36.4346[1]
Common Stock	04/05/2022		P		2,388,227	A	$36.2222[6]
Common Stock	04/06/2022		P		4,104,113	A	$34.8803[7]
Common Stock	04/06/2022		P		249,341	A	$35.5495[8]

出所＝SEC

第3章 インサイダー取引

クラスター買い

CEOや取締役会会長が複数回、株を買っていることを知るのは心強いが、複数のインサイダーが買っていると知ればもっと心強い。クラスター買いが示しているのは、複数のインサイダーが自己資金を進んで投資しているということと、彼らが自社株について私たちのような市場参加者とは異なる認識を持っているということである。

リッチ・バートンはマイクロソフトの事業部長だった1990年代に、ビル・ゲイツとスティーブ・バルマーに旅行サイトのアイデアを売り込んだ。エクスペディアはマイクロソフト社内で設立され、後にバートンをCEOとする別会社として独立した。この会社は1999年に上場し、2003年にIACに36億4000万ドルで買収された。彼が設立した10億ドル規模の企業はこれだけではなかった。エクスペディアをIACに売却した数年後に不動産サイトのジローを設立し、独自のゼスチメートという機能で、売りに出されていない家でもいくらの価値があるかを見積もることができるようにした。10年以内に2つの大企業を設立しただけではまだ不十分と思う人のために言っておくと、彼はさらに2007年にグラスドアを共同で設立した。

彼は2002年にネットフリックスの取締役に就任し、2012年4月25日に50万ドル相当以上のネットフリックス株を個人のポートフォリオに組み入れて、保有し続けた。株価は近年、大幅に下げたが、彼の持ち株は10年で1600%以上も上昇した。彼が買ったわずか数日後に、別の取締役のジェイ・ホーグも株を買った。彼の買いについては、この章のケーススタディーで詳しく説明する。インサイダーによるクラスター買い、特に独立社外取締役による買いは投資家にとって強い買いシグナルになることがある。

93

どういう人がインサイダーなのかや、同じ時期に複数のインサイダーが株を買う傾向があると分かったところで、インサイダーによる買いを追跡して利益を得るために、注意すべき点をまとめておこう。

インサイダーによる買いから利益を得るための戦略

インサイダー取引、特にインサイダーによる買いのアウトパフォーマンスについて、長年の間にいくつかの学術的研究が発表された。これらの研究は数十年にわたるデータを分析しており、論文と調査時期の違いで数字に幅があるものの、インサイダーによる買いが市場全般を年6.0％から10.2％上回る傾向があることを示している。

1975～1996年の22年間のインサイダー取引について、広範囲のサンプルを調査した『エスティメイティング・ザ・リターンズ・トゥー・インサイダー・トレーディング（Estimating the Returns to Insider Trading)』と題するウォートン校の研究によると、こうした超過リターンの約4分の1は取引後5日以内に生じ、2分の1は1カ月以内に生じる。

これらの超過リターンをとらえようとすると、3つの重要な問題に直面する可能性が高い。

1．インサイダー取引は毎年何千件も報告されているため、超過リターンをとらえようとすると、数百銘柄、あるいは1000銘柄に投資する必要がある。
2．これらの銘柄の多くは小型株か流動性が低い株であるために出来高が少なくて、意味のあるポジションを構築するのが難しい。

3. 数百、数千もの銘柄を買う必要があるとすれば、取引コストでリターンが減る可能性がある。現在では、ほとんどの証券会社が無料での取引を提供しているため、この問題は小さくなっている。

　インサイダー取引のシグナルの大半はインサイダーの売りではなく、買いによるものであることはよく知られている。アルゴリズムトレードや高頻度取引が発達した現代では、ウォートン校の研究で言及された早期のリターンをとらえる機会はおそらくなくなっている。しかし、長期的には、十分な情報を持っているインサイダーの異なる認識は役に立つ。

同じ業界で複数の会社を観察する

　同じ業界で複数の会社のインサイダーが何をしているかに注意を払えば役に立つ。テーマパーク業界のシックス・フラッグスとシダー・フェアのインサイダーたちは同時に株を買っているだろうか。地方銀行のザイオンズ・バンコーポレーションとハンティントン・バンクシェアーズのインサイダーたちは同時に株を買っているだろうか。大手か中小企業かに関係なく、石油会社のインサイダーたちは上げ続けている株を高値で買い始めたのだろうか。

　市場全体や特定のセクターが苦境に陥っているとき、投資家は通常、新たに大胆な投資をするのを嫌がる。結局のところ、燃えている建物のなかに貴重品があったとしても、そこに飛び込む人はいない。インサイダーは時にこのような行動をすることがあり、そうした行動を観察することはかなり教訓になることがある。

95

先物とはトウモロコシや小麦のような商品の生産者が、それを後日使う予定の個人や企業にあらかじめ決められた価格で将来売ることを可能にする金融商品である。例えば、ある農家グループは作付け予定のトウモロコシの価格を固定して、8週間後に特定の価格で売れるようにしたいかもしれない。そうすれば、作付けから収穫までの間にトウモロコシの価格が変動しても、収穫時期に利益に打撃を受ける心配がなくなるからだ。

　これらの先物の買い手はだれだろうか。ケロッグ・カンパニーのようなシリアルメーカーは、シリアルの製造に必要なトウモロコシの価格を固定したくて、先物取引の買い手になるかもしれない。この先物取引が成立すれば、ケロッグは納会日に農家からトウモロコシを受け取れる。また、農家はCME（シカゴ・マーカンタイル取引所）のような取引所で、現受けするつもりがないのに先物を売買する投機筋に先物を売ることもできる。先物はトウモロコシ、小麦、大豆といった農産物に限らない。ライブキャトル、牛乳、原油、天然ガス、金、銅、通貨、金利など、多くの先物も買うことができる。

　新型コロナウイルスの流行初期に世界中でロックダウンが行われ、商品市場、特にエネルギー業界は大きな打撃を受けた。2020年4月のエネルギー価格の暴落によってWTI原油先物が史上初めてマイナス圏に沈み、世界中のエネルギー市場が混乱した。世界的なベンチマークであるブレント原油先物はWTI先物ほどの下落はしなかったが、ほとんどのエネルギー企業は新型コロナウイルスに関連する需要崩壊と原油先物の急落で大打撃を受けた。

　WTI原油の価格がマイナスになったのは、WTI先物を買った人が納会までに売らない場合、オクラホマ州クッシングで原油を現受けする必要があったことが主な理由である。先物取引をしているほ

とんどの投機筋は現受けするつもりがないため、通常は納会までに差金決済する。今回の場合、買い手がいなかったため、トレーダーはオクラホマ州クッシングでの現受けを避けるために、たとえマイナスの価格でも先物を売りたがったのだ。

石油生産会社であるコンチネンタル・リソーシズの創業者でCEOのハロルド・ハムは、2020年6月23日に公開市場で自社株を買い始め、その後2週間で1055万株を平均16.87ドル（1億7800万ドル相当）で取得した。この買い付け後、発行済み株式総数の81％を保有することになった。彼はコンチネンタル・リソーシズがひどく過小評価されていると強く感じていたため、プレスリリースで自分が株を買ったことを発表するという異例の措置を取り、次のように述べた。

新型コロナウイルスの世界的な大流行が世界の原油需要に悪影響を及ぼしているせいで、コンチネンタル社の現在の株価はまれにみる低評価を受けていると確信しています。最近、私が自社の株を買ったのは、卓越した経営と堅調な財務業績が今後も続くという自信があることを明らかにするためです。当社は今後も長年にわたって株主に大きな利益をもたらす用意ができており、当社ほど株主と一体になった経営陣はいないと信じています。

ハロルド・ハムはその後2年間、コンチネンタル・リソーシズの株をさらに買い続けて、最終的には、2020年6月に買ったときよりも340％以上高い1株当たり74.28ドルで残りの株を取得し、会社を非公開化した。投資家はコンチネンタル・リソーシズ株の上昇に乗る機会が何回かあった。ハロルド・ハムに従って、インサイダーが

買ったあとに自分も買うこともできたし、リスク・リワード・レシオが良い機会を望んでいるのであれば、彼が非公開化の提案後に合併アービトラージを実行することもできた。

　私は2022年半ばに、シーキング・アルファの「マーケットプレイス・ラウンドテーブル」にアイデアを投稿するように依頼され、コンチネンタル・リソーシズについてアイデアを投稿したとき、次のように書いた。

　現時点で非常に興味深いと思われる特別な状況は、コンチネンタル・リソーシズの創業者兼会長が自社を1株70ドルで非公開化する提案をしたことだ。現在の株価は65.05ドルである。ハムとその一族はすでに発行済み株式の83％を保有していて、ほかに買収者が現れる可能性は低いが、ハムが取締役会を納得させるために、魅力をちょっと高める提案をする可能性はある。この案件が成立すれば、短期間で7.6％のリターンが得られる。案件が4カ月で完了すれば、年率換算リターンは22％以上になる。

　ハロルド・ハムがコンチネンタル・リソーシズに対する提示価格を1株74.28ドルに引き上げざるを得なくなると、状況はさらに良くなった。私は非公開化が発表されたあとの状況で株式を買い、最終的にこの株式は買い取られた。私がコンチネンタル・リソーシズ株をもっと早く買わなかった唯一の理由は、石油パイプライン会社や別の石油開発会社の株式をすでに買っていて、エネルギーセクターに多くの資金配分をしていたからだ。

　エネルギー会社のインサイダーで株式を買っていたのはハムだけでなく、業界全体に広がっていた。2023年3月、シリコンバレー・

バンクが2日間で破綻したあと、地方銀行のインサイダーたちにも似たような動きがあった。シリコンバレー・バンクは2022年12月31日現在、資産2090億ドルでアメリカで16番目に大きい銀行だった。FDIC（連邦預金保険公社）がこの銀行を管理し、最終的にファースト・シチズンズ・バンクに売却した。

では、この突然の破綻の引き金になったのは何だったのだろうか。一言で言えば、「信用不安」だった。この銀行は2つの発表を行ったが、その発表がもたらす二次的な影響についてよく考えていなかった。

彼らは売却可能な有価証券のほぼすべてを210億ドルで売却し、2023年第1四半期に18億ドルの損失を計上すると示唆した。そして、セカンダリーオファリングによって追加の資金調達を試みた。ベンチャーキャピタルやプライベート・エクイティ・ファームや投資先企業は直ちに現金を引き出し始め、信用不安が起きて、最終的に破綻した。これはネットを利用した現代版取り付け騒ぎであり、株価は2日間で267ドルから0ドルになった。

同じ週の初めに別の銀行であるシルバーゲート・キャピタルが破綻していたことも助けにはならなかった。シグネチャー・バンク・オブ・ニューヨークはシリコンバレー・バンクが破綻した2日後に破綻した。

もっと長い説明をしようとすると、資産と負債のミスマッチ、満期保有目的の債券、時価会計など、現在のテーマの範囲を超えてしまう。

財務省、FRB（連邦準備制度理事会）、FDIC（連邦預金保険公社）が共同で発表したシリコンバレー銀行とシグネチャー銀行の預金者を救済するという声明は、今後数週間でさらにドミノ倒しが起きる

のではないかという投資家の懸念を和らげるのに役立った。

　残念ながら、破綻した銀行の株主や債券保有者にとっては、こうした措置も役に立たなかった。これらの銀行が破綻した翌月曜日には、ほとんどの地方銀行の株価が暴落した。しかし、波及は抑えられ、複数の銀行が連鎖的に破綻することはなかった。地方銀行のインサイダーたちが積極的に買いを入れたのはこのときだった。アメリカには上場している地方銀行やコミュニティーバンクが数百行ある。インサイダー取引は、銀行危機の3年前に起きたエネルギー業界の危機のように、投資対象を絞り込むのに役立つ。

　エネルギー業界であれ銀行業界であれ、ある業界が危機に陥り、インサイダーたちが必死に買い始めるのを見たら、細心の注意を払おう。一時的にパニックに陥った投資家は、大事なものまで一緒に捨ててしまう可能性が高い。こんなときこそ、業界で最も強い企業の株を買えば、大きな利益を得る可能性がある。じっくりとデューデリジェンスを行い、トラブルの兆しが見えたときに急いで買わないことだ。

会社の取締役は投資のプロでもあるのか

　私がインサイダー取引でもう1つ注目するのは、会社の独立社外取締役が株を買っているかどうかと、その人が投資のプロかどうかという点だ。取締役が投資のプロでもあれば、その会社について深く理解しているし、会社の評価方法も知っている。ジェイ・ホーグによるネットフリックス株の買いと、ブルース・サックスによるバイオテクノロジー企業バーテックス・ファーマシューティカルズ株の買いは、投資の専門知識を持つ独立社外取締役が株を買った例で

ある。

　独立社外取締役が会社に関与している期間も影響することがある。例えば、サックスは1998年からバーテックスの取締役を務めている。同様にリッチ・バートンは2002年からネットフリックスの取締役を務めている。

取締役会会長

　私は取締役会会長にも注目している。特に、シクリカル産業の会長で、複数回の景気サイクルで業績がどう変動するかを経験している場合だ。例えば、ジャーマン・ラレア・モタ・ベラスコが2015年にサザン・コッパー株を買ったときは的確だった。**図表3.2**を見れば分かるように、彼はこの世界的な銅生産会社の株を2015年後半の３カ月の間に24.10〜27.14ドルで買った。当時の銅価格は１ポンド当たり2.40ドルを下回っていて、リーマンショックに端を発する景気後退以来の最安値になっていた。やがて銅価格が回復すると、彼は１株39.44〜82ドルで売り始めた。

実権を握っている創業者たち

　自社株を買っている創業者も興味深い。例えば、10年近く前に医療機器会社マシモ株を買ったジョー・キアニは的確だった。最近の例では、ティム・チェンCEOがナードウォレットを買ったのが興味深い。

101

図表3.2 インサイダーによるサザン・コッパー株の買い

株主	会社との関係	取引日	取引内容	費用	株数	総額（ドル）	総株数
ロチャ・オスカル・ゴンザレス	社長兼CEO	2015/11/27	買い	25.91ドル	8000株	20万7280ドル	13万4539株
ジャーマン・ラレア・モタ・ベラスコ	取締役会会長	2015/11/20	買い	27.14ドル	33万4000株	906万4894ドル	287万0567株
ジャーマン・ラレア・モタ・ベラスコ	取締役会会長	2015/11/19	買い	26.86ドル	5万4000株	145万0440ドル	253万6567株
ジャーマン・ラレア・モタ・ベラスコ	取締役会会長	2015/11/18	買い	26.17ドル	11万2000株	293万1264ドル	248万2567株
ジャーマン・ラレア・モタ・ベラスコ	取締役会会長	2015/11/12	買い	26.30ドル	10万5000株	276万1385ドル	237万0567株
ジャーマン・ラレア・モタ・ベラスコ	取締役会会長	2015/11/11	買い	26.64ドル	3万株	79万9080ドル	226万5567株
ジャーマン・ラレア・モタ・ベラスコ	取締役会会長	2015/11/10	買い	26.79ドル	9万株	241万1469ドル	223万5567株
ジャーマン・ラレア・モタ・ベラスコ	取締役会会長	2015/11/09	買い	26.70ドル	7万5000株	200万2875ドル	214万5567株
ジャーマン・ラレア・モタ・ベラスコ	取締役会会長	2015/09/29	買い	25.87ドル	12万2600株	317万1466ドル	207万0567株
ジャーマン・ラレア・モタ・ベラスコ	取締役会会長	2015/09/28	買い	25.75ドル	2万7400株	70万5619ドル	194万7967株
ジャーマン・ラレア・モタ・ベラスコ	取締役会会長	2015/08/26	買い	24.10ドル	5万株	120万4945ドル	192万0567株
ジャーマン・ラレア・モタ・ベラスコ	取締役会会長	2015/08/24	買い	25.07ドル	25万株	626万8250ドル	187万0567株

出所＝InsideArbitrage.com

第3章　インサイダー取引

まとめ

まとめると、次のタイプのインサイダーによる買いを探して、フォローすべきだ。

●同じ業界の複数の会社
●1社のインサイダーによるクラスター買い
●長く勤めている独立社外取締役
●複数の景気サイクルを経験した取締役会会長
●創業者でCEO

私はインサイダーによる買いを、アイデアを発見するためのツールと考えている。インサイダーをフォローしても、会社や投資機会を理解するのに必要な詳しいリサーチの代わりにはならない。私はインサイダーによる買いをリサーチにおける1つの情報として利用していて、見逃していた会社を明らかにできる点を高く評価している。

シグナルとしての信頼度が低いインサイダー取引

どのタイプのインサイダー取引が最も信頼度が高いシグナルかを理解することが重要であると同時に、役に立つ情報がほとんどないインサイダー取引を除外することも必要である。

毎週末にインサイダーの動きを振り返るとき、私はこの種の取引を探し、前週のインサイダーによる売買トップ5を報告する際にこれらを除外している。

103

私が除外する取引は次のような種類である。

● すべてのインサイダーがまったく同じ株価で買ったように見える
クラスター買い。これは、インサイダーがセカンダリーオファリ
ングに参加しているか、会社から支払われた配当金を再投資して
いるか、会社が管理する年金制度で株を買っていることを示して
いる。提出書類の脚注を読むか、最近のプレスリリースを確認す
れば、なぜインサイダーが集団でまったく同じ株価で買ったのか
について、ある程度の洞察が得られる。提出書類の脚注を見る方
法については、この章の後半で説明する。

● インサイダーが同じ日に同じ株数を同じ株価で、買いと売りを行
っている。これは通常、インサイダーがある口座から別の口座へ、
またはある人から別の人へ株式を移転していることを示している。
この場合も、提出書類の脚注を見れば、何が起きているのか判断
するのに役立つ。

● 数カ月か数年遅れて提出されるインサイダー取引。これは驚くほ
ど頻繁にあるため、フォーム4の取引日に注意を払うことが重要
である。取引時にインサイダーが異なる認識をしていたことに数
カ月たって気付いた場合、それほど関連性はないかもしれない。

● 新任の取締役や経営陣によるインサイダー買い。会社によっては、
新任の取締役や経営陣が常に一定数の株を保有していることを義
務付けている場合がある。こうした会社のインサイダーは、この
要件を満たすために買う可能性がある。

● インサイダーが毎年、定期的に買っている。履歴を見れば、その
会社が取締役や経営陣に毎年一定数の株を取得するように要求し
ているかどうかが分かる。

104

第3章　インサイダー取引

●契約上、必要な買い。かなり異例だが、2022年8月にソーシャル
メディア企業のピンタレストは新CEOのビル・レディの雇用契
約書に、就任後60日以内にピンタレストの普通株を公開市場で
500万ドル分買うことという条項を盛り込んだ。これを実行すれば、
2000万ドルの譲渡制限付株が付与される。この条項はレディと株
主の利害を一致させるためのものだが、脚注を読まずにフォーム
4の本文だけに頼っていたら、彼のインサイダー買いをピンタレ
スト株に対する強い自信の表れと解釈したかもしれない。

●インサイダーがオプションの権利を行使して、その直後にその株
式を売った場合。

●従業員に報酬として与えられるRSU（譲渡制限付株式ユニット）
の権利が確定すると、ほとんどのインサイダーはそれに対して課
税される。確定申告時に多額の税金がかかるのを避けるため、会
社は権利が確定したRSUの一部を自動的に売って、源泉徴収分
に充てる。このような売りはフォーム4の提出時には（F）とい
う別の取引コードで示されるが、インサイダーによる売りを報告
しているほとんどのウェブサイトでは単なる売りに見えるかもし
れない。また、一部の会社はインサイダー取引の申告時にこうし
た売りを誤って取引コード（S）と記載して、権利の確定に伴っ
て株式やオプションにかかる税金をカバーするための自動的な売
りではなく、絶好の機会と見て売ったものと誤解させている。こ
れらのフォーム4の脚注には通常、売りが機会をとらえての売り
か自動的な売りかを判断するのに十分な情報が記載されている。

105

インサイダー取引の総数と「売り・買い比率」

　私はアイデアを得るためのツールとして、主にインサイダーによる買いを見ているが、新型コロナウイルスが大流行していた2020年3月に驚いたことがある。インサイダーによる買いの総数も大局的なシグナルになることを発見したのだ。私は毎週末に、前週の全企業のインサイダーによる売りの総数を、全企業のインサイダーによる買いの総数で割った「売り・買い比率」を計算する。2012年以降の各週の総インサイダー売買の履歴は、InsideArbitrage.com/SellBuyRatio.xlsx で自由にダウンロードできる。

　インサイダーを集団で見れば、ほとんどの場合、株を買うよりも売ることのほうが多い。これは理にかなっている。彼らの報酬や純資産のかなりの割合は自社株であり、資産を分散させるために常に売っているからだ。一方、株を買おうと思えば、自分の資金か、ファンドであれば投資家の資金を使う必要がある。

　インサイドアービトラージのデータベースで2010年8月〜2022年7月の12年間を見ると、1週間の平均売り・買い比率は30.10だった。つまり、毎週、インサイダーは買う株の30倍の株を売る傾向があるということである。ある週に彼らが1億ドル相当の株を買ったとしたら、その週に30億ドル相当の株を売った可能性が高い。

　残念ながら、売り・買い比率は世界で最も裕福な人々がイクスポージャーを減らしたり、大手ファンドがポジションを手仕舞ったりするといった特定のインサイダーによる極めて大規模な売りによって歪められる。例えば、ジェフ・ベゾスは2020年11月に1週間で30億2000万ドル相当のアマゾン株を売った。彼はすでに2020年2月には40億7000万ドル相当の株を売り、2020年8月には31億3000万ドル

相当の株を売っていた。同様に、イーロン・マスクはツイッターの買収資金を調達するため、2022年4月の1週間だけで85億2000万ドル相当のテスラ株を売った。

マスクは買収完了を避けるためにツイッター社と激しい法廷闘争の真っ最中だったが、敗訴してデラウェア州衡平法裁判所から買収の完了を迫られた場合に備えて、資金を調達しておきたかったのだ。

この12年間の平均売り・買い比率が大口取引のせいで歪められていることを考慮し、売り・買い比率の中央値を調べたところ、中央値は19.03だった。つまり、インサイダーは毎週、買った株の19倍の株を売っていた。

2020年3月は新型コロナウイルスが世界中に急速に広まり、金融市場が暴落した痛ましい月だった。このウイルスについて分かっていることはほとんどなく、ワクチンを開発できるかもまったく見通しが立たず、世界各国はロックダウンを行い、人々は命を落とし、生活が苦しくなっていた。そんな時期に、次々と株を買っていた投資家のグループがあった。売り・買い比率を10年以上追跡してきたが、ある週のインサイダーによる買いが売りを上回ったことは1回もなかった。それが2020年3月の第2週になると、6億8288万ドル相当の株が買われた。前週まで増えていた売りは6億6852万ドルに減った。売り・買い比率は0.98に下がり、過去10年近くで最低になった。

翌週も再び同じ傾向が見られた。4億7058万ドルの売りに対し、買いは5億3325万ドルだった。売り・買い比率はさらに下がって、0.88になった。

2020年3月の状況は特異だった。数日のうちに金融市場が暴落し、世界各国や中央銀行が前例のない景気刺激策を講じたからである。

当時、次々と自社株を買っていたインサイダーたちは、おそらく相場サイクルの厳しい時期を何回か経験していて、苦しい数四半期を乗り切れるだけの引当金が会社にあると分かっていたか、コロナウイルスの世界的な大流行を乗り切るために事業の再構築を行うために直ちに動いたのだろう。

彼らは悲惨な状況を見て、自らの資金を自社株に投資した。ウェルズ・ファーゴのCEOは1週間で500万ドル近い株を買った。アメリカ最大のショッピングセンター運営会社であるサイモン・プロパティ・グループのインサイダーたち8人も、2008年第4四半期と2009年最初の数カ月に大量に買った。彼らはリーマンショック後の不況で相場が底を打つ2009年3月の直前に株を買ったのだ。

インサイダーは早く動きがちだが、ほとんどの弱気相場は2020年3月のときよりも長く続く。そのため、大底からの最初の反発を見逃すリスクを冒してでも、既存のポジションを増やしたり、新たにポジションを取ったりするのはゆっくりと時間を掛け、取引を数週間から数カ月にわたって分散させるのが理にかなっているかもしれない。

相場でタイミングを計るには、いったん売って、また買うという両方を正しく行う必要があるので、非常に難しい。ピーター・リンチはかつて「相場の調整で失われる資金よりも、調整を予測しようとして失われる資金のほうがはるかに大きい」と言った。

売り・買い比率を相場でタイミングを計るツールとして使うことは推奨しないが、相場が極端な動きをしたときには貴重な情報が得られることがある。これは万能薬ではないが、ほかの指標と組み合わせると、指針として役立つことがある。

インサイダー取引の集計データを見るとき、決算に関する沈黙期

間にはインサイダーによる買いも売りも極端に減るということを覚えておこう。この期間は、四半期決算発表前や直後にインサイダーや時には全従業員の取引を禁止するために、会社によって設けられる。この期間の長さは会社によって異なるが、通常は四半期末の2週間前に始まり、四半期決算発表の1〜3日後まで続く。

短期売買で得た利益の返還ルールとフリップフロッパー

2015年7月にイーベイがペイパルを分離独立させるわずか数カ月前、ペイパルのCEOであるダン・シュルマンがイーベイに入社した。ペイパルの株価は急騰し、**図表3.3**のチャートで分かるように、一時はイーベイから分離独立後、650％以上も上昇した。株価は2021年後半に反転し、2022年初めに急落した。シュルマンは2021年12月までペイパル株を売っていたが、2022年2月初めには一転して公開市場でほぼ100万ドル相当の株を買った。その週に株式を買ったインサイダーは彼だけではなかった。デビッド・ドーマンとフランク・イヤーという2人の取締役も加わり、100万ドルと49万9400ドル相当の株式を買った。それまで株式を売っていたのに、突然買い始めるインサイダーのことを、私はフリップフロッパー（考えをすぐに変える人）と呼びたい。

フリップフロッパーという言葉は、政治の世界では否定的な意味を持つが、投資家としては称賛に値する資質である。イギリスの著名な経済学者であるジョン・メイナード・ケインズは、「事実が変われば、私は考えを変えます。あなたはどうなさいますか？」と言ったとされる。

109

図表3.3　ペイパルの株価（2015/07〜2023/09）

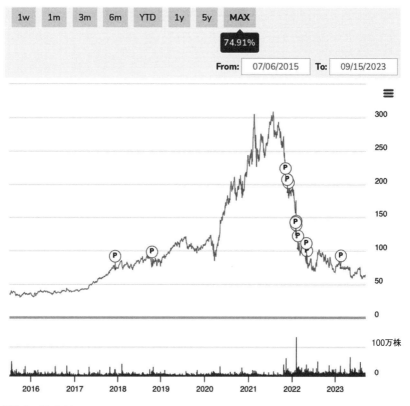

出所＝LnsideArbitrage.com

　ある会社の業績を見て、その会社への投資についての当初の仮説が変わったら、業績の回復を期待するのではなく、ポジションを清算するほうが理にかなっている。「期待」と「回復」という言葉は、ポートフォリオの長期リターンに特に悪影響を及ぼす可能性がある。
　投資家はフリップフロッパーを受け入れるべきだが、会社のインサイダーに対するSECの考えは異なる。実は、1934年証券取引所法第16条（ｂ）では、６カ月以内に自社株を買って売るか、売って買い直した場合、インサイダーは会社に利益を返還しなければなら

ないと定めている。これは「短期売買による利益の返還ルール」と呼ばれている。このルールは、インサイダーが自分の知っている情報を利用して短期的利益を得ないようにするために使われる。

たまに、インサイダー取引でこのルールに違反したため、取引で得た利益を会社に返還すると示唆しているインサイダーがいる。考えをすぐに変えるインサイダーは風向きが変わったと判断し、短期的な利益を放棄しても、この先さらに儲けられるというシグナルを送っているのだ。シュルマンは2022年２月にペイパル株をインサイダーとして買ったが、提出書類には次のような脚注があった。

報告者は、1934年証券取引法（改正を含む）第16条（ｂ）に基づき、ここで報告した取引から生じたすべての法定「利益」を株式の発行者に自主的に返還することに同意した。

ケーススタディー１──ネットフリックス

ストリーミング配信の先駆者であるネットフリックスは、2011年７月12日に顧客とウォール街の投資家に衝撃を与える発表を行った。

ネットフリックスはインターネットバブルの絶頂期だった1990年代後半に、DVDの宅配レンタルサービスで創業した。しかし、コンテンツ産業は今後、ストリーミング配信になり、DVDは徐々に忘れ去られていくだろうと正確な予測をしていた。この会社が予想していなかったのは、事業をDVDの宅配に特化した会社とストリーミング配信に特化した会社の２つに分割すると発表したとき、顧客が猛反発したことである。さらに悪いことに、ネットフリックスはDVDの宅配に特化した新会社の社名をクイックスターに変えた

のだ。

　この発表で加入者がすぐに下した結論は、DVDの宅配とストリーミング配信の両方に加入し続ける場合、料金が60％増えるということだった。『ハウス・オブ・カーズ』や『オレンジ・イズ・ニュー・ブラック』などのネットフリックスのヒットシリーズは2013年から配信予定だったが、それはまだ２年先のことで、会社の分割が発表された時点では、ストリーミング配信の加入者をつなぎ止める要素はほとんどなかった。その後、数カ月でネットフリックスは数十万人の加入者を失い、80万人の加入者を失ったと発表した2011年10月までに株価は急落していた。発表から騒ぎが収まった2011年末までに、株価は75％以上下落していた。

　私はかつて、SECに提出されたインサイダー取引を毎晩確認していた。インサイダーによる最大の買いと売りについて、週末に「インサイダー・ウイークエンド」という連載記事を書いて、自分のウェブサイトに12年以上載せ続けている。ネットフリックスが悲惨な計画を発表してから１年近くたったころ、毎晩の確認をしていて、インサイダーが割安になった株を大量に買っているのに気づいた。ネットフリックスの取締役の１人であるジェイ・ホーグが2012年５月に、３日で2500万ドル相当のネットフリックス株を買っていたのだ。

　彼は1995年に共同設立したシリコンバレーのベンチャーキャピタルであるテクノロジー・クロスオーバー・ベンチャーズ（現TCV）を通じて、間接的にネットフリックス株を買った。テクノロジー・クロスオーバー・ベンチャーズは1999年に初めてネットフリックスに投資し、その後もネットフリックスの上場の前後に数回投資をした。ホーグは1999年にネットフリックスの取締役に就任し、

2012年にインサイダー取引の報告をするまで、13年間ネットフリックスにかかわっていた。彼の取引はインサイダーによる買いのうちで、投資家が探すべき強いシグナルの特徴を次のようにすべて備えていた。

●取締役を長年務めてきて、会社が2001〜2003年と2007〜2009年の深刻な弱気相場を乗り切るのを見てきた。
●致命的ではないが戦略上の過ちを犯した高成長企業。
●投資家としての経歴を持つ独立社外取締役であるインサイダー。

　図表3.4は2012〜2016年のネットフリックスの株価と、ホーグとテクノロジー・クロスオーバー・ベンチャーズが株を買った時点を示している。

　投資家たちがほっとしたことに、ネットフリックスは結局、DVDの宅配事業を分割する計画を断念し、株価は**図表3.4**のように10倍になった。テクノロジー・クロスオーバー・ベンチャーズにとって不運だったのは、この1000％以上の上昇中、ポジションを完全に維持できなかったことだ。

　チャートで分かるもう１つの注目点は、ネットフリックスの株価がすぐに上昇し始めたわけではないということである。ネットフリックスの株価は数カ月にわたって横ばいし、ベースを形成後、上にブレイクして急上昇し始めた。インサイダーはバリュー投資家に似て、買うのが早い。インサイダーの洞察力は数カ月から数四半期後に表面化する可能性が高く、インサイダーの買いを観察する戦略は長期志向の投資家の目標に最も合っている。

113

図表3.4　ジェイ・ホーグがインサイダーとして買ったあとのネットフリックスの株価

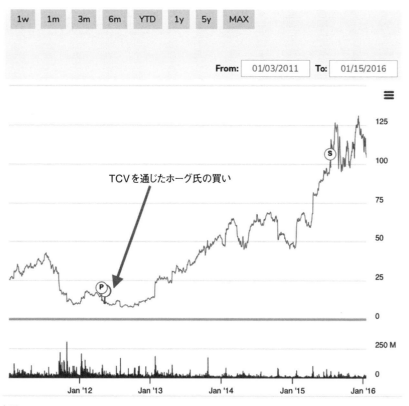

出所=LnsideArbitrage.com

インサイダーによる売り

　インサイダーによる買いについては長く説明してきたが、インサイダーによる売りについては、売りの総額が通常は買いの数倍以上あるということまでしか書かなかった。経営陣は多くの場合、多額のオプションや株式付与というインセンティブを与えられていて、時間がたつにつれてこれらの報酬に占める割合が高くなる。そのた

め、経営陣と株主の利害が一致する。また、インサイダーのポジションは1社に集中しがちになる。

集中型ポートフォリオを支持する人もいるが、ほとんどの投資家にとっては分散型ポートフォリオのほうが良い。インサイダーがこのために自社株を頻繁に売るのは驚くべきことではなく、業績が好調で株価が上昇している会社であれば、なおさらだ。2016〜2021年のハイテク株の強気相場の時期には、ハイテク企業ではインサイダーによる売りが優勢だった。これをマイナスのシグナルととらえて、ポジションの手仕舞いや空売りをすれば、投資家はポートフォリオに大きなダメージを受けただろう。インサイダーによる売りは買いと同じシグナルの役割を果たさない。これは数十年にわたる学術研究によって実証されている。

では、インサイダーによる売りに注意を払うべき時期はあるのだろうか。

あらゆる企業でインサイダーによる売りの総数が高水準である場合、困難が待ち受けていることを示唆している。また、株価が下落しているにもかかわらず、インサイダーたちが一斉に売っているのを見ると、私は注目する。この種の売りが意味のあるシグナルであるためには、オプションの行使やRSUの権利確定に関連した売りではなく、通常の売りである必要がある。この種の売りは、インサイダーが逃げられるうちに逃げようとしていることを意味するので、自分の株式投資の主張を再検討する必要がある。

私が初めてこのパターンに出合ったのは2011年3月で、太陽光発電のミニバブルが起きて、ファースト・ソーラーのような会社の株価が大幅に上昇した時期だった。インサイダーたちは1株139.85〜156.77ドルで、1カ月の間に数億ドル相当の株を売り始めた。それ

から1年余り後の2012年5月には、株価は12ドルを割って価値の90％以上を失った。

ケーススタディー2──カーバナ

私はオンラインのカーディーラーであるカーバナの事例でこれを再び目撃した。車の購入が消費者にとって楽しい経験になることはめったにない。特に、カーディーラーで買う場合はそう言える。ヒッチコックのスリラー映画よりもはかどらない販売と融資のプロセスにかかわるうちに、新車を家に持ち帰るという最初の興奮は薄れていくことが多い。

顧客は試練が終わったときに、本当にお目当てのものが手に入ったのか分からなくなる。数社がこの問題を解決しようと試みた。トゥルーカーでは、実際にディーラーに行く前にさまざまなディーラーから正確な見積もりを取ることができる。テスラはわずか数ステップに短縮されたオンライン購入体験で同じことをし、クレジットカードで手付金を払えるようにした。

そして、ブルーム、シフト、カーバナのような新時代のオンライン専業ディーラーが登場する。ほかに、Cars.comやカーグルスのようなオンラインの市場もあり、トゥルーカーのようにディーラーの販売を手助けしている。この混み合ってはいるが儲かる市場で目立つために、カーバナは革新的な──人目を引くためだけのものと言う人もいる──配送方法を打ち出した。

オンラインで車を買った顧客にはトークンが送られる。車の用意ができたら、最寄りの車用自動販売機に行く。そう、自動販売機だ。この会社は車を格納する魅力的な円筒形のタワーを建設した。顧客

第3章　インサイダー取引

がトークンを差し入れると、自動販売機は車を特定して印象的な演出をしたあと、顧客に車を引き渡す。

　新型コロナウイルスが大流行した最初の数カ月は、サプライチェーンが止まった。景気刺激のために投入された資金と通勤や外食や旅行を控えたことによる貯蓄によって、消費者の可処分所得は大幅に増えた。マネーサプライのM2とは当座預金、普通預金、MMF（マネー・マーケット・ファンド）、CD（譲渡性預金）など、消費者がどれだけの資金を保有しているかを追跡するための指標である。**図表3.5**で分かるように、M2は2020年初めの15兆4800億ドルから2022年初めの21兆7200億ドルへと急増し、短期間で前例のない増加をした。

　サプライチェーンの問題で在庫水準が低下したことに加えて、消費者の懐に余分な資金が入ったおかげで、車の購買意欲は一気に高まった。中古車価格は急上昇し、メーカー希望小売価格を大幅に上回る価格で新車が売れ始めた。顧客の購買意欲をそそるために、ディーラーが値引きや取引を持ち掛ける時代は終わった。

　こういう状況で、カーバナは中古車の売り手に非常に魅力的な価格を提供し始めた。カーバナは買い取った中古車を素早く修理・改装し、自社のプラットフォームで販売した。顧客口座にあふれている資金は、株式市場にも流れ込んだ。新しく投資を始めた人々は高成長のハイテク株に注目し始め、会社は売り上げが伸びると株価が上昇することに気付いた。利益は重視されなかった。

　カーバナはこの現象で恩恵を受けた1社であり、株価は新型コロナウイルスによる弱気相場の大底だった2020年3月の約30ドルから、2021年8月の天井付近で370ドルを超えるまで急騰した。

　カーバナのインサイダーたちは2021年7月と8月のわずか2カ月

117

図表3.5 マネーサプライM2（2018〜2023）

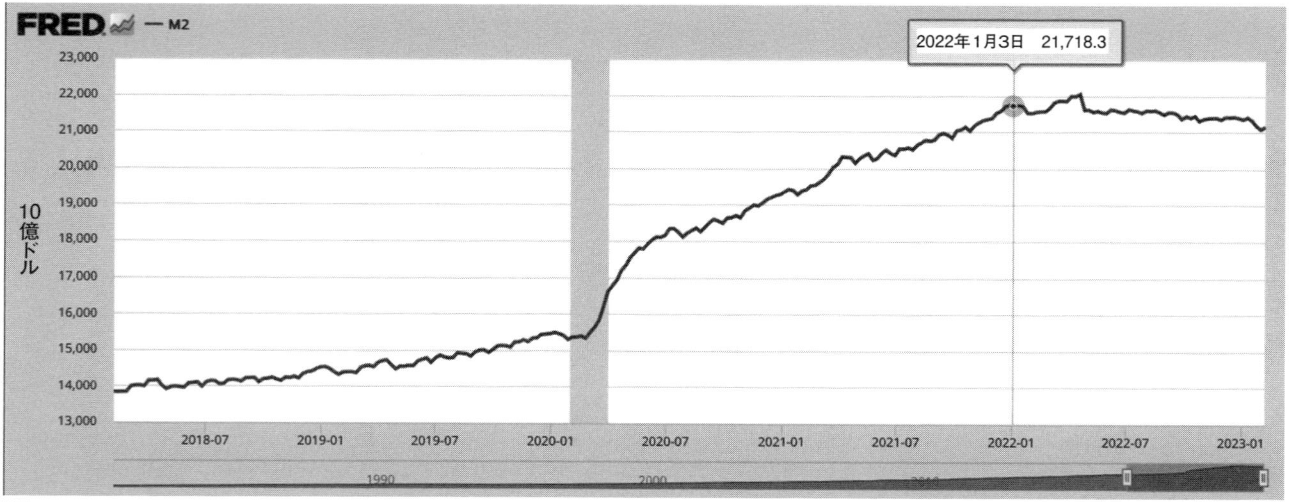

出所＝FRB

間に、時には１株370ドルを超える株価で７億5000万ドル相当の自社株を売った。彼らのタイミングは申し分なかった。このインサイダーたちによる大量の売りから間もなく、カーバナ株は急落し始めたからだ。

2021年末になると、投資家は正気に戻り、突然、利益が再び重視され始めた。これはカーバナのような赤字企業の株価が下げ止まらないことを意味した。常に赤字で、９年連続でフリーキャッシュフローがマイナスの会社をどうすれば評価できるだろうか。

株価は2021年８月10日に付けた376.83ドルの天井から2022年６月13日に付けた19.83ドルの大底まで、95％近く下げた。この急落がきっかけになり、2022年６月に４人のインサイダーがそろって自社株を買った。その後、株価は２倍以上上げて、2022年８月16日には50ドルを超えて天井を付けた。カーバナのインサイダーたちは株価の天井近くで売ったときも、急落後に買い直したときも利益を得た。

残念ながら、この話の後半はカーバナのインサイダーたちの望む結末ではなかった。株価は2022年12月までに１桁台前半まで下げたからだ。カーバナは車を高値で仕入れるだけでなく、KARグローバルの中古車オークション事業を22億ドルで買収するという大きな過ちを犯した。カーバナはこの買収のために、セカンダリーオファリングと30億ドルを超える社債の発行で資金を調達しようとしたが、応募はほとんどなかったようだ。最終的に、プライベートエクイティ大手のアポロ・グローバルに、10.25％という高金利で社債の半分を買ってもらうことに成功した。2022年末までに、同社の純有利子負債はキャピタルリースを除いて72億ドルに膨れ上がり、株価は倒産を織り込んでいた。

会社の複数のインサイダーによる売りが増えていて、それが株価

の下落時に続く場合、その売りは問題が生じる前兆の可能性がある
ため、特に注意が必要である。

不本意な売り

インサイダーやファンドによる不本意な売りを追跡するのも、状
況によっては役に立つ。取締役会長やCEOが泥沼離婚で大量の株
を売らざるを得なくなるかもしれないし、ある会社の株をファンド
が大量に処分することを選ぶかもしれない。

後者の例を実際に見たのは、日本の巨大企業であるソフトバンク
が2022年4～7月にウーバーの保有株をすべて売却したときだった。
ソフトバンクがウーバー株を売っていた期間中、株価は20ドル台前
半まで下げ、ナスダックのパフォーマンスを大きく下回った。不本
意な売りや現金化が終わると、株価は会社の評価や将来の成長に対
する投資家の認識によって、妥当な水準まで反発する可能性が高い。
不本意な売りは極端な安値で株を買う機会となり、やがて株価が反
発したときに利益を得ることができる。

フォーム４の分析

インサイダーは取引から２営業日以内にフォーム４をSECに提
出する必要がある。株式の購入・売却・贈与、オプションやワラン
トの行使だけでなく、株式を別の口座に移した場合にもフォーム４
を提出する必要がある。また、会社がセカンダリーオファリングに
よる新株発行で資金を調達する必要があり、インサイダーがこれに
参加する場合もフォーム４をSECに提出しなければならない。こ

れは通常の公開市場での買いと同じ取引コードを使うため、公開市場での買いに見えるかもしれない。

インサイダーによる買いが通常の公開市場での買いなのか、それ以外なのかを判断するには、SECに提出されたフォーム4をEDGARで実際に見るのが役に立つ。

インサイダーが数カ月、場合によっては数年遅れてフォーム4を提出するのをたまに見かける。フォーム4の提出日だけでなく、取引日も見ることが重要である。

インサイダーがフォーム4で取引コードを間違えて、実際には売りだったのに買いのコードを使っていることがときどきある。こうした場合、フォーム4/Aと呼ばれる修正申告書で訂正されることがある。

フォーム4の各要素を理解するために、リッチ・バートンが2012年に行ったネットフリックス株のインサイダー買いに関する提出書類を**図表3.6**～**図表3.10**に載せた。**図表3.6**にはフォーム4の全体を、**図表3.7**～**図表3.10**にはその各項目についての情報を載せている。

この書類の左上には、**図表3.7**で分かるように、インサイダーの氏名（姓のあとに名が続く）と住所を書く。

フォーム4の中央の最初の部分、「Table Ⅰ - Non Derivative Securities Acquired, Disposed of, or Beneficially Owned（表1 - 取得、処分または受益者保有の非デリバティブ証券)」には、提出書類が普通株式なのか優先株式なのか特定のクラスの株式なのかに関する情報が記載されている。優先株と普通株では株価に差があり、普通株のクラスの違いによっても差があるため、この情報は重要である。

121

図表3.6 リッチ・バートンによる2012年4月のネットフリックス株の購入

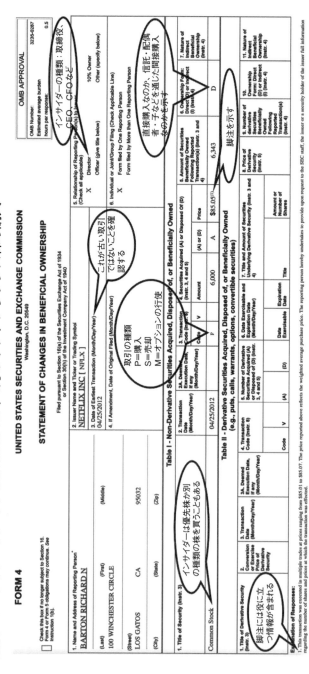

出所＝SEC

図表3.7 リッチ・バートンによる2012年4月のネットフリックス株の購入書類の項目1

出所＝SEC

　例えば、バークシャー・ハサウェイのクラスA株の2022年9月9日の終値は42万9819ドルだったが、同じ日のクラスB株の終値は286ドルだった。

　フォーム4の上部中央には会社名、ティッカーシンボル、最初の取引の日付、フォーム4を修正する書類の場合には、**図表3.8**の4に元のフォーム4の日付を記載する。1つのフォーム4には複数の取引に関する情報を記載することができ、各取引は中央の「TableⅠ」に1行ずつ記載する。

図表3.8　リッチ・バートンによる2012年4月のネットフリックス株の購入書類の項目2

出所＝SEC

　「Table Ⅰ」の各取引については、「取引コード」欄を見れば、その取引が購入（コードP）、売却（コードS）、オプションの行使（コードM）、オプションの行使に関連する税金の支払い（コードF）、贈与（コードG）などのどれであるかが分かる。

　フォーム4の右上には、図表3.9で示されているように、10％以上の株式保有者、取締役、CEO、CFO、営業部長など、書類を提出するインサイダーの種類についての情報を記載する。肩書が長すぎてこの欄に収まらない場合は書類の脚注に記載する。

　フォーム4の中段にある「Table Ⅱ」には、インサイダーが直接

図表3.9 リッチ・バートンによる2012年4月のネットフリックス株の購入書類の項目3

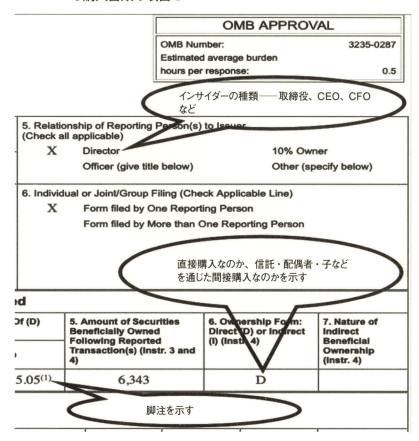

出所＝SEC

　自分の口座のために株式を購入しているのか、それとも間接的に配偶者や子供のためにか、信託・ファンド・有限責任会社を通じて購入しているのかも示す。

　フォーム4の下部にある、「Table Ⅱ - Derivative Securities Acquired, Disposed of, or Beneficially Owned（表Ⅱ－取得、処分または受益者保有のデリバティブ証券）」の部分にはデリバティブ

図表3.10　リッチ・バートンによる2012年4月のネットフリックス
　　　　　株の購入書類の項目4

Table II - Derivative Securities Acquired, Disp (e.g., puts, calls, warrants, options, (						
1. Title of Derivative Security (Instr. 3) 脚注には役に立つ情報が含まれている	2. Conversion or Exercise Price of Derivative Security	3. Transaction Date (Month/Day/Year)	3A. Deemed Execution Date, If any (Month/Day/Year)	4. Transaction Code (Instr. 8)	5. Number of Derivative Securities Acquired (A) or Disposed of (D) (Instr. 3, 4 and 5)	6. Date Exe Expiration I (Month/Day
				Code　V	(A)　(D)	Date Exercisable

Explanation of Responses:

1. This transaction was executed in multiple trades at prices ranging from $85.01 to $85.07. The price reported above reflects the weighted average purchase price.
regarding the number of shares and prices at which the transaction was effected.

出所＝SEC

取引に関する情報を記載する。ある会社がCEOに400万枚のオプションを与え、今後4年間にわたって毎年100万枚ずつ権利が確定する場合、これらのオプションの権利をいつ行使できるのか、行使価格、有効期限などの情報を表Ⅱに記載する。

　表Ⅱのすぐ下には「Explanation of Responses（回答の説明）」というフォーム4の重要な部分があり、**図表3.10**で分かるように、脚注が含まれている。投資家はSECに提出する書類の脚注には特に注意を払うべきである。そこには重要な背景や説明が含まれていることがあるからだ。また、企業は投資家に注視してほしくない情報を脚注に紛れ込ませることもある。

　フォーム4の脚注には、自社株の購入がセカンダリーオファリングによるもので、インサイダーがそれに参加したのかどうかについての情報を含めることができる。インサイダーはよく自信の表れとしてセカンダリーオファリングに参加する。2012〜2017年にイーロン・マスクがテスラ株をインサイダーとして買ったときは公開市場

第3章　インサイダー取引

図表3.11　SECのEDGARの検索画面

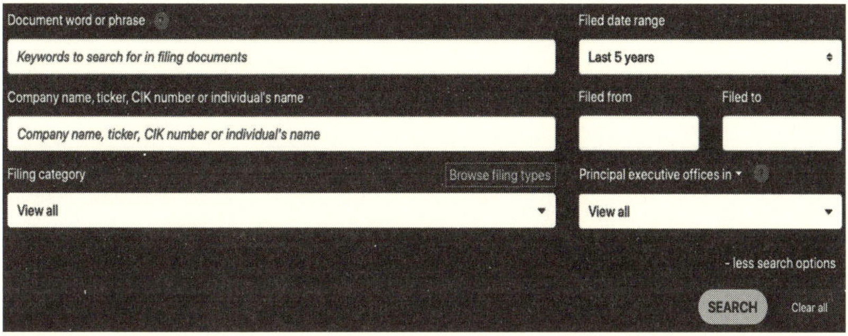

出所＝SEC

で買ったのではなく、すべてセカンダリーオファリングに参加した
ことに関連している。

フォーム４の入手法

　フォーム４の見方が分かったので、この書類をどこで見つけるこ
とができるかを説明しよう。どういう種類の金融情報でも、情報源
に直接当たるのが最も良いことが多い。SECはフォーム４だけで
なく、企業のすべての提出書類をEDGARシステム（https://www.
sec.gov/edgar/search/）から引き出すことを許可している。

　EDGARを使って、興味のある会社名かティッカーシンボルを入
力し、書類のカテゴリーで「Insider equity awards, transactions,
and ownership (Section 16 Reports)（インサイダーの株式報酬、取
引、保有［セクション16報告書]）」の項目を選択して検索ボタンを
押せば、その会社のインサイダー関連の書類が表示される。例えば、
図表3.12にはアップルのフォーム4が表示されている。

127

図表3.12　アップルのフォーム4をEDGARで検索した結果

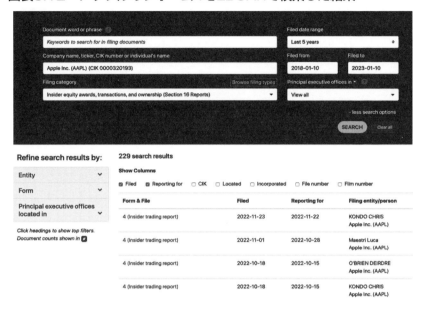

出所＝SEC

　また、SECはこの情報を簡単にコンピューターに取り込める形式で自由に利用できるようにしている。https://www.insidearbitrage.com/ などのウェブサイトはこの情報を利用してフォーム4のデータを取得し、投資家が非常に見やすい形式で閲覧できるようにしている。投資家は書類を1つ1つ開かなくても、複数のフォーム4をまとめて見ることができる。**図表3.13**は、株価が5ドル以上の会社に関するインサイダーの買いを示している。また、このリストでは5000ドル未満の買いを除外するようにフィルターをかけている。

第3章 インサイダー取引

図表3.13 インサイダーの自社株買い

出所=LnsideArbitrage.com

インサイダー取引の負の側面

　インサイダーは、市場参加者がインサイダー取引を注視していることを認識している。そして、彼らはときどき市場にシグナルを送るためだけに自社株を買う。これはジョージ・ソロスが提唱した「再帰性の理論」が働いている例である。

　少数ではあるが、インサイダー取引に注意を喚起するために、会社がプレスリリースを発表することさえある。通常、インサイダー取引は投資家にとって警告であるはずだ。これに対する注目すべき

例外は、本章で述べたハロルド・ハムによるコンチネンタル・リソーシズ株のインサイダー買いだった。プレスリリースを出したにもかかわらず、買いのタイミングは非常に良かった。プレスリリースで示唆されたように、その取引は「10b5-1プラン」の一環だった。

2000年10月、SECはレギュレーションFD（フェア・ディスクロージャー）とルール10b5-1を含む新規則を採択した。レギュレーションFDとは、重要な情報が一般に知られていない場合、企業がその情報を機関投資家やポートフォリオマネジャーやアナリストを含む投資家に対して開示することを禁止する規則である。情報が企業の株価を動かす可能性がある場合や、投資家の株式売買の判断に影響を与えるほど重要な場合、その情報は重要であるとみなされる。

言い換えると、企業の主要なインサイダーに容易に接触できるために、投資家が一般人よりも不当に優位に立てる状況にしてはならない、ということだ。企業のインサイダーは、四半期決算、新発見、医薬品の承認、大口顧客との契約など、重要な情報をほとんどの投資家よりも早く知る可能性が高いからである。

インサイダーが一定期間にわたって株式を売買したいが、重要な未公表情報を持ちながらインサイダー取引にかかわりたくない場合、10b5-1プランを設定することができる。このプランでは取引価格や総額や取引日の概要を示し、取引を執行する証券会社にいつ売買するかを決める権限を与える。インサイダーは重要な未公表情報を入手する前に、このプランを設定することになっている。

フォーム４の脚注には通常、取引が10b5-1プランの一環だったかどうかが記載される。インサイダーはこのプランの設定や取り消しにある程度の柔軟性を持っているため、プランは悪用される可能性がある。実際、インサイダーがプランを悪用していたため、10b5-1

プランを制定する前の規則は修正しなければならなかった。

この章のまとめ

インサイダー取引に関するこの章を次に要約しておこう。

1. 会社のインサイダーには会社の経営陣、取締役、その会社の株式の10％以上を保有する株主が含まれる。彼らは取引から２営業日以内に、売買やオプション行使の詳細をSECにフォーム４で提出することが義務付けられている。数十年にわたって行われた複数の研究では、インサイダーが市場をアウトパフォームする傾向があるという点で一致している。

2. インサイダーによる自社株の購入は売りよりも強いシグナルになる。毎年、SECに提出されるインサイダー取引が何千件もあることを考えると、インサイダーによる買いのなかから魅力ある投資機会を見つけるには、何らかの戦略に頼る必要がある。

3. 複数のインサイダーが同時に自社株を買うことをクラスター買いと言う。クラスター買いは、複数のインサイダーがその会社の将来を明るいと考えて、自己資金をそこに賭けていることを示している。

4. 問題を抱えている業界かセクターで、大量のインサイダー買いがある場合は注目しよう。一段落したら、その業界で最も強い企業がうまくいく可能性が高い。

5. 私はインサイダーによる買いが取締役会会長によって行われている場合、特に会長がその会社の創業者か、数十年にわたって取締役を務めている場合に注目する。これはエネルギー業界や

鉱業のようなシクリカル産業に特に当てはまる。

6. 投資家としての経歴を持つ独立社外取締役によるインサイダー買いは、投資機会の特定に役立つ。

7. 売り・買い比率とは、1週間のインサイダーによる売りの総数を買いの総数で割った比率である。インサイダーによる売りは平均して買いの30倍ある。まれにだが、インサイダーによる買いが売りを上回る場合は、マクロの強気シグナルになる。

8. フリップフロッパーとは、それまで売っていたが、突然買い始めるか、その逆のことをするインサイダーのことである。これを6カ月以内に行った場合、1934年証券法はインサイダーに対して取引で得た利益を会社に返還しなければならないと定めている。

9. インサイダーによる売りは強いシグナルにはならないが、複数のインサイダーが特に株価が下落しているときに同時に自社株を売っている場合、その会社に注意を払う必要がある。

10. インサイダーは市場参加者が自分たちの行動を追いかけていることを認識しており、時には市場にシグナルを送るためだけに自社株を買って、株式に注目させることがある。極端な例では、自分が株式を買っていることに注意を向けるために、プレスリリースを発表することさえある。

結論として、真のシグナルとノイズを区別できるかぎり、インサイダー取引はポートフォリオに対して長期的に優れたリターンをもたらす会社を発見して投資するのに役立つ。

次の数章ではほかのイベントドリブン戦略について探求するが、そのうちのいくつかにインサイダー取引が登場する。

第4章
自社株買い
STOCK BUYBACKS

　テレダインの共同創業者でCEO（最高経営責任者）のヘンリー・シングルトンは、ウィリアム・N・ソーンダイク・ジュニアの『**破天荒な経営者たち――8人の型破りなCEOが実現した桁外れの成功**』（パンローリング）のなかで資本配分の名人と評されている。テレダイン設立当初、シングルトンは高値の自社株を使って8年間で130社を買収した。現代の環境では、規制当局がどんな審査をするか想像もつかない。

　優良な買収案件が少なくなり、テレダインの株価が安くなると、彼は一転して、12年間で90％もの自社株買いを行った。1963〜1990年のS&P500の年間リターンが11.6％だったのに対して、同期間のテレダインの年間リターンが20.4％だったのは驚くべきことではない。

　言い換えると、1963年の初めにS&P500に1000ドルを投資していたら、1990年末には2万1607ドルになっていた。だが、同じ1000ドルをテレダイン株に投資していたら、複利の奇跡のおかげで18万0943ドルになっていたということだ。

自社株買い

　会社が自社株買いをすると、発行済み株式数が減るため、より少ない株数で利益を分配できるようになる。これによってEPS（1株当たり純利益）が増え、配当金が支払われる場合は残った株主により多くの配当金を支払うことができる。

　自社株買いを行う最も明白な理由は、特に株価が安いときに既存株主へ利益を還元することである。しかし、会社が自社株買いを行う理由は、従業員に付与されたストックオプションによる希薄化を相殺するためや、発行済み株式数を減らしてEPSを上げるためなどがある。

　株式を退職金口座で保有していないかぎり、株主は配当金に課税されることになる。このため、自社株買いによって、企業は節税効果のある方法で株主に価値を還元できる。適切な時期に自社株買いが行われれば、やがて企業価値が上昇して、株価の上昇につながる。投資家は株式を売るまで、この価値の上昇に対して課税されることがない。2022年に成立したインフレ抑制法では、自社株買いに対して1％の課税が新たに導入された。この1％の課税は2023年に施行され、自社株買いを行う企業が税金を支払う必要があるが、自社株買いで得られる長期的な利益を考慮すれば、企業にとっては小さな障害にすぎない。

公開市場での自社株買い

　企業が自社株買いを行う方法は2つある。1つ目は公開市場での自社株買いである。この場合は数カ月から数年にわたって買いを分

散できるため、企業にとって最も柔軟性がある。買いは適切と判断したときにいつでも開始や終了ができる。市場環境が自社に有利でない場合は、自社株買いを発表しても実行に移さないこともある。これについては、本章の後半で企業によるシグナルを取り上げるときに詳しく説明する。

一方、市場環境が自社に有利で、特に経営陣が株価を割安と判断した場合、投資銀行とASR（加速型自社株買い）の契約を結ぶこともある。銀行は企業に代わって大量の株式を取得して、自社株買いを一気に行う手助けをする。銀行は合意した株数を直ちに会社に譲渡したあと、残りを短期間で譲渡することもある。

TOB

2つ目の選択肢はTOB（株式公開買い付け）と呼ばれるものだ。この方法で、企業は株主に対して特定の株価で自社株買いの意思があることを広く知らせる。既存株主の応募を促すため、提示される株価は現在の相場よりも高いのが普通である。場合によっては、株価に幅を持たせて提示し、株主が株価を選べるようにすることもある。

例えば、ハーバライフ・ニュートリションが2020年8月に行ったTOBでは、7億5000万ドル相当の株式を買いたいと考え、1株44.75～50ドルを支払う意思を示していた。申し込みが応募枠を超えていた場合、50ドルで応募した株主よりも45ドルで応募した株主のほうが、会社に買い取ってもらえる確率が高かった。

TOBは一定期間公開され、時には一定株数の応募があった場合のみ買うなど、最低応募条件が設定されることもある。

株主が持ち株を売却したい場合、証券会社を通じて申し込む必要がある。いったん申し込むと、株式はロックされて、取引ができなくなる。企業が応募した株式を受理した場合、証券会社は口座に現金を振り込む。一方、応募株数が少なかった場合、企業は買いを取り消すかもしれない。その場合、ロックは解除され、持ち株は公開市場で自由に取引できるようになる。

　もう1つ考えられるのは、企業が自社株買いをしたい株数よりも多くの応募があった場合である。この場合、株式は比例配分される。つまり、応募株数に比例して一部が受理され、残りは返却される。

　最近は、ほとんどの企業が柔軟性のある公開市場での自社株買いを好むため、TOBは買収で用いられる場合を除けば、ますます珍しくなっている。企業がTOBを用いて自社株買いをする場合、「自己株TOB」と呼ばれる。これはSEC（証券取引委員会）のウェブサイトで検索できる[8]。

　自己株TOBは債券や優先株の買いにも利用される。例えば、バンク・オブ・アメリカは2022年11月に、最大15億ドル相当の優先株を買うTOBを発表した[9]。どのケースでも、詳細を理解するためには、提出書類に目を通す必要がある。

　優先株は一般的に配当金は高いが、株価は普通株ほど上昇しない。企業の業績が好調で、長期的に利益が増えている場合、普通株の株価は上昇する可能性が高いが、優先株はそうではない。優先株のほうが金利の動向に敏感である。金利が上昇すると、投資家は金利がもっと高いか、金利は同じぐらいでも低リスクの金融商品を選べるため、優先株の価値は下がる可能性がある。まさにこれが2022年に起きた。当時、FRB（連邦準備制度理事会）がインフレ対策として金利を急速に引き上げたため、既存の優先株や債券の価値は下落

した。バンク・オブ・アメリカはその機会を利用して、価値の下がった優先株をTOBで買って消却したかったのだ。

状況によっては、TOBには少額ではあるが、確実に利益を得る興味深い機会がある。

最近では、特定の企業の株を少ない株数でも取引できるし、1株未満の端株取引さえできる。例えば、アップル株が150ドルで取引されているときに1000ドルを投資したい場合、6.67株を買うという選択もできる。

これが不可能で、100の倍数で株を買わなければならない時代があった。これは単元株と呼ばれた。100株未満の株は端株と呼ばれた。

以前よりも少なくなったが、TOBには「端株条項」を設けているものがあり、100株未満で応募した場合、企業はそれをTOB価格で受け入れる。そのため、応募した株が受け入れられるかどうかの不確実性がなくなり、公開市場でTOB価格よりも安く買ってTOBに応募すれば、利益が保証される。ただし、99株を超えることはできない。

なぜこのような選択肢がTOBにあるのか、そしてTOBはなぜ近年ますます珍しくなっているのだろうか。

企業は配当金の支払い、株式分割に伴う株式の追加発行、新株予約権の発行、スピンオフによる株式の分配など、さまざまな目的のためにすべての株主の記録を残す必要がある。

コンピューターでこのプロセスを簡略化できるようになる前は、企業は株を少数しか保有していない投資家から株を買うことで、管理負担を減らすことができた。これが端株条項が生まれた理由である。端株の公開買い付けに参加すれば、ほぼ確実に利益を得られたため、投資家の間で人気が高まった。この人気の高まりは、企業が

端株条項を入れるのをやめ始めた時期と重なった。そのため、端株の公開買い付けを発表した企業の株価は急上昇し、以前はほぼ確実に手にできた利益を得るのが難しくなった。また、この条項を削除するか修正する例もあった。

この条項があるTOBの最近の例としては、ADTが1株9ドルで12億ドル相当の自社株買いを提案したことがある。ADTは1億3300万株を買うつもりだったが、7億3210万株にも及ぶ応募があり、大幅な応募超過となった。会社は端株をすべて受け入れ、残りは比例係数18.17％で受け入れた。つまり、単元株で応募した投資家は100株に付き18.17株しか受け入れてもらえなかった。

このTOBで提示された株価は安かったので、端株で申し込んだ人の最大利益は限られていた。ADTは2022年10月13日にTOBを発表し、翌日、株価は8.01ドルで引けた。通常の応募をした投資家も株式の18.17％が1株9ドルで受け入れられ、株価はTOB後の数週間、8.01ドル以上の水準を維持し、2022年12月に10ドル強で天井を付けた。この状況では、応募した端株投資家も通常の投資家も利益を得たが、株価が安かったことを考えると、端株で応募した投資家の利益は通常の投資家に比べると少なかった。

経営陣の判断とシクリカル産業

自社株買いは、株価がいつ安いか高いかを判断する経営陣の判断を反映する。株価が安いときには、経営陣が自社株買いをすると予想される。株価が高いときにはセカンダリーオファリングで増資をするか、株式を使って他社を買収するはずだ。

自社株買いは、経営陣が新規事業に投資できないか魅力的な買収

機会を見つけられないことも示している。

　自社株買いは一般的に評判が悪いが、それは企業がまったく不適切な時期に自社株買いをした有名な例がいくつかあるからである。シティグループは2007〜2009年のサブプライム住宅ローン危機の直前に、貴重な資金を自社株買いに使った。この会社はその後、アメリカの銀行で最大の救済を受けることになった。

　私が見ていて最も一般的な自社株買いの間違いは、シクリカル産業に属する企業に関連する。そうした業界のうちの2つを調査して、景気循環がどういう働きをするのか、なぜそれらの業界の経営陣が間違いを犯すのかを理解する。

海運業

　海運業界は景気に左右されることでよく知られている。好景気で需要が増えると、海外に商品を輸送する海運会社は運賃を引き上げることができる。利益が増えて、資金が豊富になる。そのため、一部の海運会社は高い運賃を利用して需要の増加に対応するために、新しい船を発注する。残念ながら、いったん発注すると、建造から引き渡しまで何年もかかる。

　景気が冷え込んで、需要が落ち込んだあとに新しい船が竣工すれば、海運会社は船の発注時と同じ運賃は請求できない。たとえ好景気が続いて、経済が絶好調でも、ほぼ同時期に新しい船を竣工させた海運会社が多すぎると、供給が需要を上回って、運賃は下がる。すると、利益が減ってやがて赤字になる。景気循環の底では倒産する会社が現れ、残った会社はM&A（合併と買収）によって整理統合される。

株価は景気循環の天井で最も安く見えることが多く、会社もその時期には資金が豊富にある。景気に左右される企業の株価はこの時期に一見すると割安に見える。複数の景気循環を経験していない投資家や特定の業界の力学を理解していない投資家は、これらの株を買ってバリュートラップ（割安のワナ）に陥って損をし、教訓を学ぶことが多い。

会社もこの現象と無縁ではない。景気循環の天井に近づいて、景気が落ち込み始めようとするときに自社株買いをすることが多い。

エネルギーセクター

2023年の年初には、エネルギー業界大手のシェブロンが750億ドルという途方もない額の自社株買いを発表した。同じ規模の自社株買いを発表した企業はアルファベットとアップルだけで、2022年4月にそれぞれ700億ドルと900億ドルの自社株買いを発表した。

エネルギーセクターで自社株買いを発表したのはシェブロンだけではなかった。大小のエネルギー開発会社、石油サービス会社、石油や天然ガスをパイプラインで大陸を横断して輸送する会社など、さまざまな企業が自社株買いを発表した。エネルギー開発会社がなぜ自社株買いに熱中し始めたのかを理解するには、過去を振り返る必要がある。

2010年代、アメリカでは水圧破砕法、別名フラッキングがブームになり、新たなエネルギー革命が起きた。これは、エネルギー会社が岩盤を水平方向に掘削し、水と砂と化学物質を組み合わせて注入することで、これまで採取できなかった石油やガスを放出させる技術である。

140

第4章　自社株買い

　この採掘ブームによって石油とガスの生産量は大幅に増加し、ア
メリカはエネルギーで自給を達成した。世界の石油価格がピークに
達するのではないかという懸念から一転して、石油、特に天然ガス
が供給過剰になった。残念ながら、採掘企業に投資をした人はこの
ブームで利益を得ることはできなかった。採掘業者は多額の資金を
使って、大量の石油を掘削したが、結局、ほとんど利益を得ること
はできなかった。

　驚くほど利益が出なかった理由は、採掘業者が世界で数少ない合
法的カルテルの１つであるOPEC（石油輸出国機構）に参加しない
ことに決めたからだ。カルテルとは、複数の企業が共謀して価格を
固定することであり、企業間の競争がなくなるため、企業の利益は
増えるが、消費者は損害を被るので、違法である。OPECは産油国
で構成される世界的なカルテルで、石油の供給と結果として価格を
コントロールするために協力している。

　石油採掘企業について最初に思い浮かぶのは、グリーンライト・
キャピタルの著名ヘッジファンドマネジャーであるデビッド・アイ
ンホーンが2015年のソーン・カンファレンスで行った『ミート・ザ・
フラッカーズ（meet the frackers）』という浮かれた講演である。[10]
私は彼を非常に尊敬していて、アライド・キャピタル株を数年にわ
たって空売りした闘いについて書かれた彼の著書『**黒の株券──ペ
テン師に占領されるウォール街**』（パンローリング）を楽しく読ん
だ。[11]

　一時期、彼は採掘業者について正しい見方をしていた。採掘業者
は掘削に資金をつぎ込み続けて、エネルギー市場を供給過剰にした
からである。彼らは価格の安定が必要なときに、OPECと足並みを
そろえて供給を抑制しなかったため、OPECは攻勢に転じた。

141

OPECは価格戦争を仕掛けて採掘業者を屈服させ、数社は破産を発表した。

しかし、コンチネンタル・リソーシズやダイヤモンドバック・エナジーのような企業がコストを抑えて設備投資を厳選するようになったため、近年はこの傾向が変わってきた。つまり、以前ほど掘削を行わず、増産に慎重になったのだ。彼らは新型コロナウイルスの流行による不況から脱したOPECと手を組み、原油価格が急騰したことで、掘削業者やシェブロンのような総合石油会社は巨額の利益を得た。

その一例が、2021年9月中旬に時価総額の約14％に相当する20億ドルという巨額の自社株買いを発表した採掘企業のダイヤモンドバック・エナジーである。この会社は株主への価値還元に重点を置いて生産を控えると明言した。この発表後、自社株買いを進め、次の数四半期に一連の特別配当を行うと宣言し、普通配当を増額した。自社株買いを発表したころの株価は80ドル近くだったが、その後2倍に上昇し、10カ月もたたないうちに160ドル以上に達した。

エネルギーセクターの企業が自社株買いを発表したのは景気循環の天井近くだったが、その動機は2006年にシティグループが行ったような自社株買いとはまったく異なっていた。

シティグループの場合には、どれも前に述べたテレダインの場合のように反証となる例があった。このため、投資家は逸話となったデータではなく、複数の景気循環での情報を総合して、自社株買いの有効性を見極める必要がある。また、業界の動向を念頭に置くことで、どの自社株買いが景気循環の天井近くで判断を誤った企業によるものなのか、どの自社株買いがシクリカル産業で供給を制限しようとしている企業によるものなのか理解することができる。

142

第4章 自社株買い

ウーバーカニバルズ（超人食い族）

著名なバリュー投資家であるモニッシュ・パブライとダンドー・ファンドのクオンツアナリストであるインツオ・ツァオは、2016年12月に『ムーブ・オーバー・スモール・ドッグズ・オブ・ザ・ダウ、ヒヤ・カム・ザ・ウーバー・カニバルズ（Move Over Small Dogs Of The Dow, Here Come The Uber Cannibals）』と題する記事をフォーブスに発表した。[12]

チャーリー・マンガーの「カニバルズ（積極的に自社株買いをする企業）に注目せよ」というアドバイスに従い、彼らは1992～2016年について、最も多くの自社株買いをした5社から成るポートフォリオで検証をすることにした。ポートフォリオは毎年3月18日にリバランスされ、基準に合う新しい企業が選ばれた。

自社株買いだけを基準にしたわけではなかった。彼らは時価総額が1億ドル未満の銘柄や保険会社、売上高が伸びていない企業を除外し、PSR（株価売上高倍率）が2.5以下の企業を選んでバリュー株の基準を加え、前年の配当利回りに対する自社株買い比率が2％以上高いものを選んだ。

私は数年前のブログへの投稿で、彼らの結果について次のように書いた。

自社株買いを行う企業のパフォーマンスが優れていることを示す学術的研究は、長年にわたって数多くある。モニッシュ・パブライによって自社株買い上位5社で定義される「ウーバーカニバルズ」に関する最近の研究によると、ウーバーカニバルズはS&P500を26年間、年率で6.3％アウトパフォームしている。

143

自動車部品小売のオートゾーンや住宅建設のNVRのように、2001年以来ウーバーカニバルズのリストに最も多く登場した企業が、いまだに一貫して自社株買いを続けているのには興味をそそられた。パブライとツァオが記事を発表した時点で、オートゾーンは過去20年間に発行済み株式の80％の自社株買いを行い、NVRは75％の自社株買いを行っていた。2019〜2023年に、オートゾーンはさらに25％の自社株買いを行い、NVRは発行済み株式の12％以上を消却した。

　ポートフォリオを見直したときに目立ったもう１つの点は、２年連続でリストに登場した企業もあったが、オートゾーンとNVRは例外だったことである。上位５社にランクインした企業は新興企業であることが多く、企業が景気循環の天井で間違って自社株買いをすることが多いという主張の信憑性を高めている。

　ここ数年、アップルは事業面で優れた業績を上げると同時に、大量の自社株買いを高値で行ったカニバルの好例である。アップルは2018〜2022年に発行済み株式の20％以上を消却した。前に述べたように、アップルは2021年と2022年にさらに90億ドルの自社株買いも発表している。アルファベットの自社株買いはより控えめで、2019〜2022年に発行済み株式の５％強を消却した。また、2022年４月に70億ドルの自社株買いも発表した。

　過去５年間、カニバルズの栄冠を勝ち取っているのは、透析サービスを提供するダビータで、2017年第３四半期から2022年第３四半期までに発行済み株式の50％近くを消却した。この会社はこの間にEPSを倍増させたが、このEPSの伸びのほとんどは発行済み株式の減少によるものだったため、株価はほとんど上昇しなかった。この期間の売上高の伸びは20％に満たず、ダビータがパブライのウーバーカニバルズの企業リストに入ることはなかっただろう。バーク

図表4.1　アップルの発行済み株式数の推移

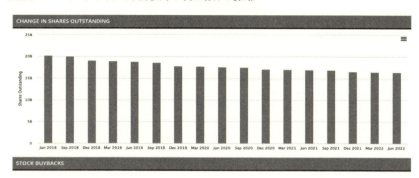

出所＝InsideArbitrage.com

シャー・ハサウェイは2012～2013年にダビータの株を買い始め、2022年にはダビータ株の約40％を所有していた。

　私はアップルやアルファベットのような絶対額で最大の自社株買いを発表する企業だけでなく、発表された自社株買いが時価総額のかなりの部分を占める企業に注目する。最近の好例では、フランチャイズ・グループが発表した5億ドルの自社株買いがあり、これは2022年5月18日の発表時点で時価総額の31％以上に相当する。

　フランチャイズ・グループはペット・サプライズ・プラス、アメリカン・フレイト、ビタミン・ショップ、バディーズ・ホーム・ファーニシングズ、リバティー・タックス・サービスなどの事業の持ち株会社である。フランチャイズ・グループの自社株買いは3年かけて行われる予定だ。これは魅力的な機会のように見えるかもしれないが、企業の時価総額以外も見なければならない。フランチャイズ・グループの貸借対照表には23億5000万ドルの純負債があり、EV（企業価値）は39億2000万ドルに達する。フランチャイズ・グ

ループのように自己資本に比べて負債比率の高い企業が、負債を減らす代わりに自社株買いをしてもよいのだろうか。

この質問に対する単純な答えはノーだ。もう少し細かく答えるとすれば、現在の金利と比較した負債のコストを調べ、負債が低コストで、数年間は返済期限が来ないかどうかを確認する必要がある。現在の利益率や負債の利子を楽に支払えるか、将来どれくらいの成長が期待できるかも考慮する必要がある。また、その銘柄が極端に割安で、その時点で資本配分が最適かどうかも検討すべきである。

自社株買いの発表と自社株買いの実行

自社株買いを発表しても、実行されないことがある。企業が実際に自社株買いを実行しているのかや、株式報酬による株式価値の希薄化を相殺するために自社株買いを発表したのか、それとも単に市場にシグナルを送ろうとしているだけなのかを理解することが重要である。これが、自社株買いの発表と発行済み株式数が実際に減少しているかの両方を追跡することが重要な理由の1つである。企業はSECに10-Q（四半期報告書）と10-K（年次報告書）で発行済み株式数を開示する義務がある。

二重の自社株買いとインサイダー買い

私は「ダブルディッパー」と名付けた興味深い投資アイデアを特定するスクリーニングを開発した。ダブルディッパーはシックス・フラッグスに設置されているジェットコースターの名前みたいだが、実は自社株買いをしている企業のうちで、インサイダーたちも自分

のポートフォリオ用に公開市場で自社株買いを行っている企業のリストのことである。

このスクリーニングを行った画面では、インサイダーの行動と取締役会（その企業が自社株買いをすべきかどうかを決める集団）の行動が一致していることを示す二重のシグナルが提供される。

ケーススタディー１──エイビス・バジェット・グループ

ジョー・フェラーロは、レンタカー会社エイビス・バジェット・グループが史上最も困難な時期に暫定CEOに就いた。それまでは、北米と南米とカリブ海地域のエイビス、バジェット、ペイレス、ジップカーのブランドを担当する南北アメリカ社長を務めていた。40年近く経験を積んだあと、2020年初頭にトップの座に就いた。

同時に、ベルナルド・ヒースが2020年２月に取締役会の独立会長に就任した。ブラジル人経済学者で実業家のヒースは過去にバーガーキングやクラフト・ハインツ・カンパニーのCEOを務めてきた。また、ブラジルの投資会社から発展した、グローバルなプライベート・エクイティ・ファームである3Gキャピタルのパートナーでもあった。この会社は2013年にウォーレン・バフェットと組んでハインツを買収し、その後、2015年にクラフトと合併してクラフト・ハインツ・カンパニーを設立した。彼はバーガーキングとクラフト・ハインツでコスト削減に携わった経験があり、エイビス・バジェットにとって貴重な存在になるだろう。

ヒースが会長として取締役会に加わったのと同じ月、新型コロナウイルスの世界的流行によるロックダウンや旅行の急減のせいで、

147

会社の業績が一気に悪化した。エイビス・バジェットの株価は2020年2月には50ドルを超えていたが、1カ月もたたないうちに約7.78ドルまで下げた。2020年に15％の増収を計画していたが、2020年第2四半期に売上高の3分の2以上が消え、1株当たり6.91ドルという巨額損失を出した。

　会社は素早く行動し、2020年の残りの新車注文をキャンセルし、2020年3月に保有車両のうち3万5000台を売却した。第2四半期には、さらに10万台の車両を処分し、従業員を大幅に減らし、役員報酬も減らして、年間費用をほぼ10億ドル削減した。また、空港と賃料を交渉し、債務特約の一部を再交渉し、新たに社債を発行して余裕を持たせた。エイビス・バジェットがこうした動きを見せている間に、最大の競争相手であるハーツは破産を宣告した。

　エイビス・バジェットは2020年半ばには堅調になり、フェラーロを暫定CEOから正式なCEOに任命した。ヒースも会長に就任した。株価はすでに急速に回復しており、2020年第2四半期のあの記録的な赤字に比べ、わずか1年後の2021年第2四半期には1株当たり5.63ドルの利益を計上した。

　パンデミックに対抗する景気刺激バブルのせいで、株価は2021年11月に300ドル近くで天井を付けたあと、下落した。極端なボラティリティにもかかわらず、株価は2020年2月のパンデミック前の天井から260％以上上昇し、2020年3月の安値から本書を書いているほぼ3年後の時点までに1549％上昇している。

　エイビス・バジェットが生き残っただけでなく、成功を収めた要因は何だったのだろうか。パンデミックの初期段階で素早く動いた有能な経営陣が役に立った。破産処理の一環として50万台以上の保有車のうち18万台の売却を計画していたハーツでのトラブルも役に

立った。また、サプライチェーンの問題のために、新車の供給が制限された。ロックダウンが終わり、旅行の需要が急回復すると、消費者がレンタルできる車が不足し、レンタル価格は軒並み急上昇した。

エイビス・バジェット・グループは2021〜22年の2年間に発行済み株式の3分の1近くを自社株買いで消却した。希薄化後株式数は2020年末に7050万株だったが、2022年末には4840万株まで減った。

これ自体は驚異的と言うほどではないが、2023年2月16日にSECに提出された2022年度の10-K報告書によると、2023年2月10日時点の発行済株式数は3947万株まで減っており、2023年初頭に自社株買いを大幅に増やしたことを示している。

この間に、ベルナルド・ヒース会長は3回のインサイダー取引で約1500万ドル相当の株式を買っている。

会社はパンデミック以前から大量に自社株買いを行っていた。この会社の自社株買いの手法で実に興味をそそられるのは、2020年第1四半期に自社株買いをやめなかったことである。2020年第1四半期に支払った平均株価22.49ドルに基づくと、会社は世界が事実上停止し、旅行が全面的に凍結された2020年3月の最悪の株価下落時にも自社株買いを続けていたことになる[13]。

その後、4四半期は休んだが、2021年第2四半期には自社株買いを再開した。会社は自社株買いの権限を2021年6月に3億2500万ドルにまで拡大し、2023年2月にはさらに10億ドルに拡大した。

エイビス・バジェット・グループは経営も資本配分も優れている経営陣の傑出した例であり、適切なタイミングで自社株買いを増やして、株主に価値を還元した。また、経営陣は2021年と2022年に何回か自己勘定で自社株買いを行い、ダブルディッパーの画面にこの

銘柄が映し出された。

自社株買いが示すシグナル

　企業が大規模な自社株買いを発表すると、投資家は株価を競り上げる傾向がある。企業による自社株買いの発表もインサイダーによる買いも、株価の短期的上昇をもたらすが、これは長期の研究でも実証されており、経営陣もこの現象をたいてい意識している。

　インサイダーによる買いと同様に、企業が大規模な自社株買いを発表するときは市場にシグナルを送ろうとしているか、自社株が過小評価されていると本当に誤解しているように思われることがある。

　デビッド・アイケンベリー博士らによる1995年の学術研究によると、自社株買いを実施した企業は最初の発表日から４年間で、同業他社の株価のパフォーマンスを12.1％上回っている[14]。この研究は1980〜1990年の自社株買いを対象としているが、本章の「ウーバーカニバルズ」の節で紹介したような最近の研究や分析でも、同様のアウトパフォーマンスが指摘されている。1995年の論文で際立っていたのは、バリュー株の平均リターンが45.3％という驚異的な異常値だったことである。「グラマーストック」、今日のグロース株のリターンでは、異常値は観察されなかった。

　次の目的のために自社株買いを発表する企業を、投資家はどうすれば避けられるだろうか。

１．市場での最初の反応をポジティブなものにするため
２．賞与や株式付与が１株当たり利益の上昇といった特定の指標に
　　依存する場合、それを達成するため

３．従業員向けストックオプションによる株式の希薄化を相殺する
　　ため
４．会社が過少評価されていると誤解している場合

意図的なシグナル

　まず、意図的にシグナルを送っている企業について考えてみよう。アイケンベリー博士は先ほど取り上げた論文の15年後に、『シェア・リパーチャシズ・アズ・ア・ポテンシャル・ツール・トゥ・ミスリード・インベスターズ（Share Repurchases as a Potential Tool to Mislead Investors)』という別の論文を共著で発表し、企業や経営陣が自社株買いの発表を利用して投資家のセンチメントにどのように影響を与えているかを調べた。[15]

　研究者たちは1980～2000年の20年間にアメリカで発表された、公開市場での自社株買い7628件について調査をした。そして、市場に誤ったシグナルを送ろうとした企業は、短期的にはほかの企業と同じくプラスのパフォーマンスを示したが、長期的には同じようにアウトパフォームすることはできなかったことを発見した。

　このような行為をしていた企業は、経営陣が株価を上げるプレッシャーにさらされていた。彼らの報酬がストックオプションに大きく依存していたため、そうしたことを行う動機があったのだ。

　この種の企業は売上高が減少し、株価が急落し、アナリストが業績予想を下方修正している。これらの指標は、どの企業が意図的に誤ったシグナルを送っていそうかや、どの企業が株価を過小評価されていると本気で考えているかを判断するのに十分な情報を与えてくれる。

151

研究者たちの分析で唯一明るい点は、こうしたことを行っていると疑われる企業が分析対象の企業の10％を大きく下回っていたことである。

誤った評価

　さて、意図的に誤解を招くシグナルを送る企業を見抜く方法について理解が深まったので、自社株が過小評価されていると本気で誤解している企業を見抜くにはどうすればよいだろうか。

　この疑問に答えてくれるのはボストン・カレッジの３人の教授である。エイミー・ハットン、リアン・フェン・リー、スーザン・シュウによる『ドゥー・マネジャーズ・オールウエイズ・ノウ・ベター？　ザ・レラティブ・アキュラシー・オブ・マネジメント・アンド・アナリスト・フォーキャスト（Do Managers Always Know Better? The Relative Accuracy of Management and Analyst Forecasts）』という興味深い論文で、彼らは景気循環や商品価格や規制環境などのマクロ経済要因が企業に大きな影響を与える場合、経営陣よりもアナリストのほうが予測に有利であることを発見している。[16]

　私は10年以上にわたって数百社のインサイダー取引を観察して、同じ結論に達した。そして、私の仮説が学術研究によって正式に裏付けられたと分かって、勇気づけられた。

　逆に、企業が在庫の増加など社内で何らかの問題を抱えている場合や、複数の事業部門があるかビジネスモデルが不透明な場合（私はこうした企業を「ブラックボックス」と呼んでいる）については、アナリストよりも経営陣のほうが有利であることが分かった。

自社株買いの評価をする場合、特別な洞察力があり、会社のさまざまな構成要素、少なくとも一般投資家に見える部分を理解するのに多くの時間を費やせるのでないかぎり、この種の企業は避けたほうがよい。この種の企業では、アナリストよりも経営陣のほうが有利なのは当然である。

投資家にとって有効な手法の1つは、アナリストが業績予想を上方修正していると同時に、自社株買いを行っている企業か、インサイダーが自社株買いを行って企業を見つけることである。これは経営陣とアナリストの予測が一致していて、良い投資機会になる可能性があることを示している。

私はインサイダーによる自社株買いも企業の自社株買いも、アイデアを生み出す仕組みとして利用しているのであり、ポートフォリオに銘柄を追加するための主要なシグナルとして利用しているのではない。苦労して稼いだ資金を投資する前に、さらにリサーチを行って、企業や株価評価を理解することに代わるものはない。

ケーススタディー2——ベッド・バス＆ビヨンド

小売業は利益率が低く、消費者の好みが変わりやすく、未確定要素が多いため、特に難しいビジネスである。私はモンゴメリー・ウォードという百貨店チェーンが永久に閉鎖する数カ月前に、そこで初めて音楽システムを買ったことを覚えている。小売業では、シアーズ、ラジオシャック、マービンズ、トイザらス、ジンボリー、マットレス・ファーム、アメリカン・アパレル、エアロポステール、ペイレス、ビタミン・ワールドなどが次々と破産を宣言してきた。

この短いリストで特筆すべき点は、電化製品から子供向けおもち

ゃに至るまで、小売業のさまざまなサブセクターが含まれていることだ。この章を書いている時点で、この仲間入りをしそうなもう1社はベッド・バス＆ビヨンドだ。ベッド用シーツやタオルなどが買える「20％OFFクーポン」の本家であるこの会社は現在、ペニー株であり、破産すると広く予想されている。

　私はベッド・バス＆ビヨンドで何回か買い物をしようとして、何も買わずに店を出ることが多かった。価格や選択肢の多さに不満はなかったが、いつも何か違和感を覚えたのだ。この会社にはコストコのようなプライスリーダーシップはなかったし、ターゲットのような利便性も、TJXカンパニーズの宝物探しの特徴も、かつてレストレーション・ハードウェアとして知られていた会社のような近寄りがたい雰囲気もなかった。この会社が切実に必要としていたのは優れたマーチャンダイジングや、郊外の何の変哲もない商店街にある大型小売店のなかで忘れられた存在という型から抜け出す方法だった。

　そのために、会社は2019年11月にマーク・トリットンをCEOとして雇った。これはケーススタディー1で取り上げたエイビス・バジェット・グループのジョー・フェラーロがCEOに就任するわずか2カ月前のことだった。エイビス・バジェット・グループが入社40年のベテランを抜擢したのとは異なり、ベッド・バス＆ビヨンドは外部に目を向け、ターゲットのCMO（チーフ・マーチャンダイジング・オフィサー）をCEOに抜擢した。それから半年もたたない2020年5月に、グスタボ・アーナルをCFO（最高財務責任者）に任命した。アーナルは以前、エイボンのCFOを務めていた。

　ベッド・バス＆ビヨンドとエアロポステールのような企業とのもう1つの共通点は、まずいタイミングで自社株買いをしたことで多

額の資金が無駄になったことである。2020年10月から2022年3月までに、ベッド・バス＆ビヨンドは自社株買いによってほぼ10億ドル相当の資本を使い果たした。この会社は厳しい市場環境で貴重な準備金を使い果たしただけでなく、3年で行う予定の自社株買いプログラムの一部を前倒しして、1年で完了させてしまった。

新型コロナウイルスの大流行中に、多くの個人投資家が株取引を始めて、Redditのような掲示板でアイデアを出し合い始めた。彼らはミームと呼ばれるユーモアのある見出しを付けた画像を使って、銘柄に関する情報を交換し始めた。これらのトレーダーたちにとって特に魅力的だった銘柄は、売り残が多く低迷している企業だった。これらはたいてい売上高が減少しているか、多額の負債を抱えていて、株価が下げるかいずれ破産すると空売り筋が考えている銘柄だった。合併アービトラージの章で説明したように、空売り筋はまず自分が持っていない株を証券会社から借りて売り、安値で買い戻して借りた株を返そうと考える。つまり、計画どおりにいけば、高く売って安く買い戻すのだ。しかし、株価が上げた場合、彼らは損を被ることになり、ある時点で高値で株を買い戻さざるを得なくなる。売り残を計算するには、空売り残高を1日の平均出来高で割ればよい。例えば、空売り残高が1000万株で、1日の平均出来高が100万株ならば、空売り比率は10になる。言い換えると、すべての買いが空売り筋によって行われたと仮定すると、空売り筋がポジションを手仕舞うのに約10日かかる。ナスダックなどのウェブサイトでは、定期的に売り残を発表している。

ベッド・バス＆ビヨンド、ゲームストップ、AMCエンターテインメントなどの企業がミーム株の人気銘柄になり、多くの個人トレーダーが買い始めたため、株価が急騰した。このため、空売りをし

ていた投資家は高値で買い戻さざるを得なかった。買いが買いを呼び、ゲームストップのような企業の株価は急騰し（ミーム株を買う群衆がよく言っていたように「月まで」上昇し）、その後、地上まで下落した。ゲームストップの株価は2020年9月の8ドル以下から2021年1月には325ドルもの高値まで上昇した。同様に、ベッド・バス＆ビヨンドの株価は2020年9月の12ドル以下から、2021年1月には35ドル以上まで急騰した。

　図表4.2で分かるように、ベッド・バス＆ビヨンドのほとんどの自社株買いは、ミーム株として人気化して高値になったときに行われた。それ以前の数年間、株価は10〜20ドルを上下するレンジ相場だった。

　この会社のバランスシートは、2020年2月には現金14億ドル、負債15億ドルだったが、この間違った資本配分方針と10億ドルを超える一連の損失によって大打撃を受けた。2022年8月には、バランスシートの負債17億ドルに対し、現金はわずか1億3500万ドルしか残っていなかった。

　悲劇は会社の財務諸表や、今や店舗を閉鎖し従業員を解雇しているという事実にとどまらなかった。CFOのグスタボ・アーナルはニューヨークのトライベッカの高層ビルから転落死し、自殺と判断された。彼と会社は2020〜2021年のミーム株の高騰時に、株価操作をしたとして訴えられていた。

　売上高の減少、赤字、不適切なタイミングで自社株買いを行うという間違った資本配分政策が重なり、会社は2022年6月にトリットンを解雇した。それから3カ月もたたないうちに、アーナルは命を落とした。

　本章で取り上げた2つのケーススタディーは対照的である。両社

図表4.2 ベッド・バス＆ビヨンドの自社株買い

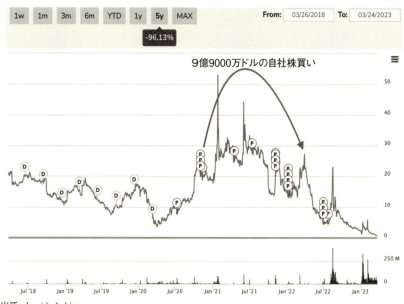

出所＝LnsideArbitrage.com

ともほぼ同時期に新CEOを任命し、両社とも顧客とじかに接する事業を行っていたが、非常に厳しい環境下での経営手法はまったく異なっていた。最も重要なのは、自社株買いを利用した資本配分方針がまったく異なっていたことである。

　自社株買いを発表するか実際に自社株買いを行った企業の情報を見るときには、経営陣が資本配分をどのように決めていたか、過去の実績を評価すべきである。いつ社債を発行し、いつ返済することに決めたのか、過去に行ったM&Aは売上高と純利益率の両方の向上に貢献したのか、株価が高いときに株式を発行するか、安いとき

に自社株買いを行ったことがあるか、といったことだ。これらの評価だけでなく、会社を質の面からも見て、同業他社と比べた会社の位置や、現在の株価と比べた会社の本質的価値、マクロ経済のどういう要因が有利になり、どういう要因が逆風になるかを理解する必要がある。最後に、経営陣が自己資金を使って公開市場で自社株買いを行っているか、それとも会社が自社株買いをしているのに持ち株を売っているのかを確認する。

自社株買いの負の側面

2014年9月のハーバード・ビジネス・レビューの論文『プロフィッツ・ウィズアウト・プロスペリティ（Profits Without Prosperity）』で、著者のウィリアム・ラゾニック博士は自社株買いについて異なる見方をしている。[17] 彼はマサチューセッツ大学ローウェル校の経済学の名誉教授である。この論文では自社株買いのマイナス面について論じており、パブライの記事で描かれたバラ色の見方とはまったく対照的だ。

彼は企業が利益を自社株買いに使うと、生産能力や従業員の賃上げのために投資する資金がほとんどなくなると述べている。これは企業が生み出した現金を研究開発や買収に使わずに、自社株買いに回す多くのケースに当てはまる。

著者の主張には共感する部分もあるが、自社株買いを全面的に禁止すべきという彼の提案はちょっと極端である。2023年に施行された2％の自社株買い税は、著者が政府に望んでいる方向に向かっているように見えるが、私はこの税は不要だと考えており、今後税率が引き上げられないことを願っている。

158

第4章　自社株買い

　2022年は複数のバブルが同時にはじけて、市場にとって厳しい年になった。それでも企業はこの年、1兆ドルを超える自社株買いを発表した。ウーバーカニバルズで最大の企業は難しい相場で悪い結果を出し、ラゾニック博士のような著者や一般紙が自社株買いに対して行う批判の信用度を高めることになった。

　こうした結果にもかかわらず、2023年1月には企業が1000億ドル相当の自社株買いを発表し、シェブロン、ブラックロック、コストコの3社だけで840億ドルの自社株買いを発表した。

　自社株買いが有能な経営陣によって慎重に行われる場合、優れた資本配分の手段になり、投資家に対して、その企業に注目するようにというシグナルを送ることになる。

この章のまとめ

　自社株買いの章を要約しておこう。

1. 株価が高いときに新株を発行し、安いときに自社株買いを行う企業は長期的に大きな株主価値を生み出す。
2. 企業は公開市場での買い付け、投資銀行を通じたASR（加速型自社株買い）、TOB（株式公開買い付け）によって自社株買いを行うことができる。公開買い付けのなかには、投資家が99株以下の株式で応募した場合、それを受理する端株条項を設けているものもある。
3. 企業が自社株買いをするのは、株価が割安で、市場が株の真の価値を認識していないと考えるからである。場合によっては、この考えが間違っていることもある。シクリカル産業に属する

159

企業の経営陣には株価が割安に見え、資金が豊富にあるため、景気循環の天井近くで自社株買いをしてしまう。

4. 企業は、株式報酬による株式価値の希薄化を相殺するためや、EPSを上げるため、あるいは市場にシグナルを送るために自社株買いを行う場合もある。投資家は自社株買いの動機を理解するために、質の面からも調査を行う必要がある。

5. 会社が自社株買いを行っている時期に、インサイダーが自己資金を用いて公開市場で自社株買いを行っている会社を特定すれば、さらなる調査に値する投資先を明らかにするのに役立つ。

6. ウーバーカニバルズとは、前年度に最も多くの自社株買いをした企業のことである。これらは、PSRが2.5以下で、自社株買い比率が配当利回りよりも2％以上高い成長企業である。これらの企業はS&P500指数を26年間の調査期間で年率6.3％アウトパフォームしていた。

第5章
SPACS
SPACS

　本書の第1章で、私は初めて白地小切手会社を知ったときの経験について述べた。2人の起業家はまず投資家から資金を調達し、次に買収する会社を探したのだ。2人がやがてオレゴン州ユージーンに移り住み、ジョディ・コヨーテという宝石会社を買収したことを覚えているだろう。彼らは会社を急成長させ、宝石店を1200店から1年半で4000店近くにまで拡大させた。

　SPAC（特別買収目的会社）は、IPO（新規株式公開）で資金を調達して既存企業を買収するために設立されるが、当初はどの企業を買収するか決めていない。資金は機関投資家から調達される場合もあるが、ほとんどの資金はIPOで調達される。SPACを設立すれば、事業会社は時間とお金がかかるプロセスを経ることなく、迅速かつ簡単に上場できる。残念ながら、多くの審査を受けることなく上場できるという単純さと容易さは後述する問題にもつながる。

事業会社を探す（履行期限の順守）

　SPACのIPOに参加するか、上場後に公開市場でSPACを購入す

る投資家は、SPACの「ユニット」を通常1口10ドルで取得する。ユニットは通常、株式とワラントからなるが、SPACのコスラ・ベンチャーズ・アクイジションⅡ（その後、ソーシャルネットワーキング企業のネクストドアを買収した）のような一部のケースでは、ワラントがないこともある。ユニットはIPOの52日後に普通株とワラントに分割される。その後、普通株とワラントは別々に取引される。

　ワラントは将来、あらかじめ決められた価格で株を購入できるもので、通常は数年後に失効する。コールオプションはいくつかの点でワラントに似たデリバティブ商品である。コールオプションは一定期間（通常は数週間から数カ月間）、特定の価格で株を購入できる。満期まで1年以上あるものはLEAPS（株式長期オプション）と呼ばれる。

　例えば、ゼネラル・エレクトリックはラリー・カルプCEO（最高経営責任者）のリーダーシップで復活するだろうが、低迷する巨大企業を立て直すのに数年はかかると考えている場合、3年後に満期を迎える100ドルのLEAPSコールオプションを買ってもよい。株価が100ドルを下回れば、株式市場で株をもっと安く買えるのでオプションを行使せず、支払ったプレミアムは損失となる。オプションに15ドルのプレミアムを支払った場合、株価が115ドル（権利行使価格100ドル＋プレミアム15ドル）を超えて上昇すれば、取引コストを差し引いても利益が得られる。自分の考えどおりに、カルプが前の会社ダナハーで起こした奇跡を再現できるかどうかを確かめるのに、LEAPSは多くの時間を与えてくれる。だが、ほとんどのLEAPSの満期は最長でも39カ月までである。これを書いている時点では、ゼネラル・エレクトリックのLEAPSは21カ月先までのも

のしか見つからなかった。また、株を買う義務を負わずにオプションを持つためには、かなりのプレミアムを支払う必要がある。

対照的に、ワラントの有効期間は長く、満期まで5年、10年、15年、あるいはそれ以上になることもある。

事業会社との企業結合の発表後、投資家はその取引に賛成票を投じるか、IPO価格の1株10ドルに少し上乗せした程度の金額で株を償還することができる。このわずかな上乗せは、SPACが買収先企業を探している間にIPOで調達した資金に付いた利子によるものである。ワラントは未決済のままである。インサイダーが株式売却を禁止されるロックアップ期間はたいてい12カ月で、従来のIPOでの6カ月よりも長い。

SPACの構造上、スポンサーはIPOで調達した資金から管理手数料やほかの種類の手数料を引き出すことができないため、IPOへの投資家は投資した1口10ドルプラスアルファを取り戻せる可能性が高い。チャマス・パリハピティヤのソーシャル・キャピタルのように、SPACのスポンサーが一定期間（通常12～24カ月）以内に事業会社を見つけられなかった場合、IPOで調達した資金を投資家に返還しなければならない。

SPACのアービトラージとワラントから得られる利益

この戦略における真の機会は、ワラントが持つオプション性と、魅力的な企業結合の発表後の普通株の株価の上昇にある。SPACのユニットはIPO直後と、ユニットが株式とワラントに分割される前に買うことができる。SPACが合併を決めた事業が気に入らない場合や、損をするリスクを減らしたい場合には、企業結合の承認を求

める投票中に株式を返還することができる。その場合、SPACに支払った10ドルと多少の利子が得られ、ワラントは無料で保有し続けることができる。

合併完了後の会社（de-SPAC［脱SPAC］と呼ばれることが多い）が好業績であれば、ワラントは将来、大きな利益を生む可能性がある。ワラントを行使して事業会社の株と交換することもできるし、ワラントを公開市場で高値で売ることもできる。SPACのスポンサーは通常、事業会社と合併後の会社の20％を所有するため、彼らも大きな利益を得ることができる。

「魅力的」と受け取られていて、企業結合後に株価が急騰した会社としては、ルシード・グループ、ソーファイ・テクノロジーズ、バージン・ギャラクティックがある。

SPACによるIPOはそれまで資本市場で目立たなかったが、2020年には242件に上り、2019年の26件、2018年の44件と比較して、一気に増えた。

2021年もSPACにとって飛躍の年であり、SPACによるIPOの数も調達額も2倍以上に増えた。2020年には242件のSPACによるIPOで668億ドルが調達されたが、2021年には546件で1280億ドルが調達された。しかし、2021年はSPACのバブルがはじけた年でもあり、SECはSPACの企業結合の投資家向けプレゼンテーションで見られたいくつかの途方もない予測について詳しく調べ始めた。

SPACブームと言えば、2010年代初期に空売り筋に絶好の機会を提供した中国の逆さ合併グループを思い出す。マディ・ウォーターズのような空売りを専門にする会社は、裏口上場をした企業の不正会計を特定することで評判を高めた。中国の非上場企業が目を付けたのは、アメリカかカナダで上場はしているものの、利益を上げら

164

図表5.1　SPACの数とIPOの規模

年	SPACの数	IPOでの調達総額
2019	26	52億8600万ドル
2020	242	668億ドル
2021	546	1281億6200万ドル
合計	814	2002億4800万ドル

出所=InsideArbitrage.com

　れる事業戦略がなく、ペニー株として取引されていて、実質的に見捨てられている企業だった。中国企業はいわゆる逆さ合併によって、それら実態のない上場企業と合併した。すると、それらの企業は見かけ上、NYSE（ニューヨーク証券取引所）かナスダックなどの取引所の上場企業になる。

　本章の後半で、de-SPAC企業の業績についてさらに詳しく取り上げるが、これらの企業のほとんどは合併完了後の業績が不振だったと言えば十分だろう。これは投資家にとって、合併後の企業を空売りする新たな機会となる。

　通常、空売りは難しい。そのことはデビッド・アインホーン著『**黒の株券──ペテン師に占領されるウォール街**』（パンローリング）を読みさえすれば理解できる。近年では、空売りはさらに難しくなった。まだ残っていた数少ない空売り筋も、AMCやゲームストップのようなモメンタム株やミーム株に壊滅させられたからである。伝説的な空売り筋のジム・チャノスがまだこのゲームをしている理由は、彼の会社キニコス・アソシエイツが190％のロングと90％のショートのポートフォリオを運用していて、実質では100％のロングイクスポージャーだからだ。

出来高の少ないSPAC株の空売りは、その多くがすでに空売りされている場合、難しいかもしれない。株を空売りするために支払う貸株料も、場合によってはかなりの額になり、空売りで得た利益が大幅に減る可能性がある。肝心なのは、これらの会社が決算発表をしなければならなくなったときで、場合によっては以前のバラ色の予想が完全に覆されることもある。

ケーススタディー1 ── WeWork

　SPACは通常のIPOによる上場を望まないか、望んでもできない事業会社に対して、上場のためのペーパーカンパニーを提供してきた。IPOのプロセスには、SECへのフォームS-1の提出、有望な投資家とのミーティングのためのロードショー、IPO価格を決めるための投資銀行との打ち合わせなどが含まれる。

　フォームS-1は数百ページに及ぶこともある非常に詳細なもので、会社の事業、財務諸表、直面する可能性のあるリスク、IPOによって資金調達をしたい理由など、かなりの量の情報が記載されている。奇妙なことに、IPO価格は最初の提出書類には記載されないことがあり、最終書類までに数回の修正が行われることがよくある。

　WeWorkは自らを「柔軟なスペースの提供者」と呼び、基本的にさまざまな企業が利用できる共有オフィススペースを貸し出している。提供されているプランには、共有オフィススペースの専用デスク、1～5人用のプライベートオフィス、20人までのオフィススイート、WeWork所有ビルの1フロア全体がある。WeWorkの会員は月単位で支払うか、利用時にのみ支払うかを選ぶことができる。また、会費をもっと払えば、世界中のWeWorkのオフィスを利用

第5章　SPACS

できる「オールアクセス」パスも提供されている。

　WeWorkは初期の投資家と従業員が持ち株を現金化できるようにし、お金をドブに捨てるような事業に費やす資金を公開市場からもっと手に入れるために、2019年に初めて上場を試みた。最初にSECに内々に書類を提出後、2019年4月に提出したフォームS-1は220ページに及んだ。そのページの多くは熱狂的な人々、真っ黄色のボクシング用グローブをはめた男、スキューバダイビングをしている人などのきれいな画像に費やされていて分かりにくかった。提出書類には、数十ページの監査済みと未監査の両方の財務諸表と関連する注記も含まれていた。

　WeWorkはその革新的傾向に合わせて、金融界に「コミュニティー調整後EBITDA」という新しい用語を導入した。カリスマ的で野心的な創業者であるアダム・ニューマンと妻のレベッカは、投資銀行の助けを借りずにフォームS-1を提出することに決めて、その作業に取り組んでいるときに、この用語を考え出した。この会社は2018年に、18億ドルの売上高に対して19億ドルの損失を計上した。

　EBITDA（利払い前・税引き前・減価償却前利益）は長くて言いにくい指標だが、非現金支出（減価償却費など）および利息や税金などの影響を除外した企業の利益を把握したいプライベート・エクイティ・ファームなどの投資家にとっては役に立つ指標である。このような企業はたいてい、買収した企業の負債を増やす傾向があり、買収後の金利や税金が大きく変わる可能性がある。

　奇妙なことに、EBITDAは、ほとんどの投資家が採用する重要な指標になり、事業主が気にすべきフリーキャッシュフローではなく、EBITDAについて耳にすることが多くなった。しかし、負債の利子や利益に対する税金の支払いから逃れることはできない。

167

ウォーレン・バフェットはフリーキャッシュフローをオーナー利益と呼んでいる。フリーキャッシュフローとは、事業にかかるすべての費用と、現在の事業運営や将来の成長を管理するために事業に再投資する必要のある資金を支払ったあとに銀行に残る現金のことである。フリーキャッシュフローが純利益とどう異なるか、一例を挙げて説明しよう。急増する従業員を収容するために、企業が新しく豪華な高層オフィスビルを建設する必要があるとする。4億ドルのビルを2022年の1年で建設した場合、2022年に4億ドルが会社の銀行口座から引き落とされるので、フリーキャッシュフローへの影響は同じ年に生じる。しかし、会社が決算を発表するとき、純利益は4億ドルの影響を受けない。オフィスビルの耐用年数が40年とすると、会社は費用を40年間に分散し、1年に1000万ドルの費用を計上するだけでよい。この年間経費を減価償却費と呼ぶ。これによって、2022年の純利益とフリーキャッシュフローには明らかに大きな乖離が生じる。翌年も乖離は存在するが、2022年ほど劇的な乖離にはならないだろう。

　純利益とフリーキャッシュフローが乖離するのは普通のことだが、フリーキャッシュフローが毎年一貫して純利益を大幅に下回るパターンが見え始めたら、乖離を引き起こしている原因が何かを深く掘り下げて理解したほうがよい。

　EBITDAを誤って重視する投資家の誤解を解くために、企業の経営陣は「調整後」EBITDAについて語り始めた。これは一時的経費とみなされる特定の項目を計算から除外したものだ。そうする理由は、投資家が例えば2023年第4四半期と2022年第4四半期など、ある期間と別の期間の業績をより正確に比較できるようにするためである。仮に2023年第4四半期に訴訟での多額の和解金や特別評価

税のような一時的経費が生じた場合、その四半期の業績は前年同期と比較して非常に悪く見える可能性がある。そこで、「同一条件」で比較できるようにするために調整を行う。

残念ながら、この善意の調整方針は、一部の経営陣があらゆる種類の経費を除外するために使われるようになり、業績は実際よりもはるかに良く見えるようになった。一時的経費は規則的に繰り返し生じて除外され続けた。

ニューマン夫妻が「コミュニティー調整後EBITDA」という魔法で行ったのは、見事な家具付きオフィスの開発費、設計費、マーケティング費用、その他の基礎的経費をさらに除外して、GAAP（一般に公正妥当と認められた会計原則）の損益計算書では巨額の損失になるところを、利益が出ているように見せかけることだった。GAAPとはアメリカで採用されている標準化された会計原則のことである。企業は調整後非GAAPの数値がGAAPの数値とどう整合するかを説明する義務があり、これらの注記は非常に役に立つことがある。この説明はSECに提出される四半期報告書（10-Q）または年次報告書（10-K）の連結財務諸表の脚注か注記に記される。

投資家がWeWorkの秘密をのぞく機会を得ると、金融メディアやツイッターの「fintwit」コミュニティーはその衝撃的な内容に騒然となった。例えば、会社は創業者に600万ドル近くに相当する自社株を支払って「We」という商標を取得していた。これが明るみに出ると、『ザ・カルト・オブ・ウィ（The Cult of We)』のような書籍から、Apple TV+での『WeCrashed　スタートアップ狂騒曲』のようなテレビドラマまで、あらゆるものが生み出された。

WeWorkは上場計画を中止せざるを得なくなり、アダム・ニューマンは退社することになった。会社がニューマンに贈った餞別は、

２億4500万ドル相当の自社株と２億ドルの現金からなる巨額の退職パッケージだった。

それから約２年後、SPACバブルの真っただ中に、WeWorkはSPACのBowX Acquisition Corpと合併することで再上場を試みた。BowXへの投資家は保有する１ユニットにつき普通株１株とワラント３分の１株分を受け取った。ワラントを行使すれば、普通株を11.50ドルで買うことができた。覚えておいてほしいのだが、2020年８月にBowXがIPOを行うとき、投資家はBowXがWeWorkを統合する事業会社に選ぶことはまったく知らなかった。

2021年10月の合併後、普通株はWE、ワラントはWE.WTというシンボルで取引が開始された。WEは初めの週の日中に１株14ドル以上を付け、当初は一部から熱烈に歓迎された。

2022年２月、私はサンフランシスコのセールスフォースタワーで、新規事業を次々と立ち上げて成功している起業家たち数人と会った。場所はサンフランシスコで最も高いビルの36階、37階、38階にまたがるWeWorkのオフィスだった。ベイブリッジの眺めは本当に素晴らしかった。WeWorkが提供するオフィスのなかで、ここを「比類ない」場所と呼ぶのもうなずける。

起業家たちがこのスペースに支払っている利用料は安かった。全米にあるWeWorkのオフィスで主に働いている別の友人も大ファンで、この会社を詳しく調べるように勧められた。

セールスフォースタワーでのミーティング後まもなく、私はそうした。WeWorkによって提供される付加価値が加わった商品や、本業と付帯サービスの両方の成長可能性に基づいて、WeWorkを気に入りたいと思った。利用可能なスペースの利用率はわずか59％で、その点では成長の余地が大きかった。また、提供するサービス

がいかに安いかを考えると、おそらくこの会社には価格決定力があるのだろうと思った。WeWorkはWorkplaceのようなサービスも提供していた。Workplaceとは、ほかの企業がオフィススペースを最大限利用できるようにするためのスペース管理ソフトウェアのことだ。

WeWorkの損益計算書と貸借対照表をざっと見ただけで、再建の可能性についての希望はすべて打ち砕かれた。かつて時価総額が500億ドルだった会社の評価は急落し、2022年2月に私が見たときは44億ドルになっていた。時価総額はこの会社のストーリーの一部にすぎない。貸借対照表の純負債30億ドルを考えると、WeWorkの企業価値は74.2億ドルだった。資産計上されたリース（会社がさまざまなビルのスペースを複数年にわたって賃貸契約を結んだもの）が184億ドルあり、企業価値は258.2億ドルに上昇した。

純有利子負債30億ドルは、1四半期で6億6100万ドルの売上高がある会社にとっては管理可能な額だろう。残念ながら、この会社は売上高が落ちているだけでなく、2021年第3四半期に8億4400万ドルの純損失を計上した。

業績回復がうまくいくことはめったになく、それが負債比率の高い会社であれば可能性はさらに低くなる。さらに、資金流出が増加し、売上高が落ちている赤字経営となれば、破綻しかねない。

WeWorkの新CEOはゼネラル・グロース・プロパティーズの元CEOのサンディープ・マスラニだった。ゼネラル・グロース・プロパティーズは不動産とショッピングモールの会社で、連邦破産法第11条の適用を受けたばかりの2010年に、マスラニがCEOに就任した。彼はこの会社の変革に成功し、最終的には2018年にブルックフィールド・プロパティー・パートナーズに売却した。

私は新CEOがWeWorkでも同じ戦略を使い、破産をして株主を一掃し、負債とキャピタルリースの両方について再交渉をするだろうと考えた。2022年3月のスペシャルシチュエーションのニュースレターで、株価が6.40ドルで取引されていたときに、私はこの会社について空売りの機会だと書いた。そして最終的には、2022年10月30日に2.76ドルでモデルポートフォリオのポジションを手仕舞った。これを書いている2023年3月現在、この株はペニー株になり、株価は0.97ドルで取引を終え、時価総額はわずか7億1300万ドルに縮小している。

　SPACとの合併後のWeWorkの業績は異常なものではなく、実はよくあることだ。本章の後半で、SPACがいかに空売り筋にとって好機をもたらしてくれるかについて述べる。

ケーススタディー2──ボウレロ

　トム・シャノンは1997年、ニューヨークのユニオンスクエアにあるボウリング場を現金3000ドルと借金200万ドルで購入して小さな会社から出発し、ボウリング場帝国を築き上げ始めた。彼はボウリング場を夜の社交場にして、100万ドルの赤字から最高の売り上げを上げるボウリング場に変えた。彼が設立した会社は現在、全米に320以上のボウリング場を所有し、2013年には最大の競争相手の1社であったAMFボウリングセンターを買収して、AMFを倒産から救うことで成長した。

　この会社は現在ボウレロと呼ばれ、世界最大のボウリング場の運営会社である。アメリカには3500を超える個人経営のボウリング場があり、ボウレロにとって買収による事業拡大の機会になる一方、

買収を繰り返すことで成長する戦略を追求すると、負債を抱えすぎる可能性があるというリスクもある。

　買収を繰り返すことで成長を加速させようとする企業はロールアップと呼ばれる。これらの企業は、小規模企業や個人経営者が多い細分化された市場でこれを行う傾向がある。東海岸のニューヨーク大学ヘルス・システムや西海岸のスタンフォード・メディシンも、同じような手法で地域の診療所を買収した。カナダのバリアント・ファーマシューティカルズや、最近ではライフスタンス・ヘルス・グループのようなロールアップは、貸借対照表の負債が株価の重荷になっている。バリアント・ファーマシューティカルズは不正行為で告発され、犯罪捜査の対象となったが、最終的には新CEOの下、ボシュ・ヘルス・カンパニーズと社名を変更し、眼科医療会社のボシュロムなどの部門を分離独立させて変貌を遂げた。成長を加速させるために多額の負債を抱えるロールアップは、投資家に悪い印象を残した。

　ボウレロに話を戻すと、この会社は2021年末にアイソス・アクイジション・コーポレーションというSPACと合併して上場することにした。2021年半ばに経営統合の発表後、アイソスの株価はほとんど動かなかったが、合併が完了した直後から下げ始め、10ドル前後から2022年2月上旬には7ドル強まで下げた。その後、株価は2倍以上になり、非常に厳しい市場環境にもかかわらず、アイソスとの合併完了時から50％以上上げている。

　ボウレロの上場までの道のりがWeWorkと大きく異なっていたのはなぜだろうか。これには会社固有の要因とマクロ経済に関連する要因の両方がある。2021年と2022年は、まだ会社が従業員の在宅勤務を認めていた。そのため、オフィススペースやWeWorkを借

りる必要性は低かった。オフィスの賃貸需要は新型コロナウイルスの大流行前ほど強くなく、オフィスREIT（不動産投資信託）銘柄の急落にもそれが表れていた。対照的に、消費者は2021年半ば以降2022年を通して、旅行や対面での活動を本格的に再開した。パンデミックの時期には避けられていたボウリングのような交流活動が再び当たり前になった。

2022年12月のある週末、家族と私は屋内施設でロッククライミングをする予定がダメになり、カリフォルニア州サンノゼにあるボウレロの施設に行くことにした。そして、この会社が成功している理由が分かった。ボウリング場は最新式で清潔だった。結局、地元のボウリング場でいつも払っている料金よりは高かったが、もう再びボウレロを利用しないと思うほど料金差はなかったし、会社が大規模なボウリングセンターで利益を上げるのに十分な料金だった。

マクロ経済の追い風を別にしても、会社は新型コロナウイルスの流行前の3年間に売上高を急拡大させていて、2021年半ばの上場時にはフリーキャッシュフローが黒字だった。2022年に見られたような売上高の急回復は落ち着くだろうが、経営陣は事業と資本配分の両方に目配りをしているようだ。上場からわずか4カ月後に、発行済みワラントを1ワラント0.10ドルですべて償還した。ワラント保有者にはワラントを行使して、2022年4月に1株11.50ドルで普通株に転換するための短期間の猶予が与えられた。SPACのユニットが普通株とワラントに分割されたときにワラントを無償で受け取ったSPACへの投資家は利益になったが、ワラントを行使しないかぎり、2022年のボウレロの株価上昇による利益を十分に得ることはできなかった。

SPACへの投資家にとって最大の魅力はワラントで得られる利益

だが、SPACと合併する事業会社が存続可能な事業であり、赤字企業や将来の成功を夢想する非現実的な科学プロジェクトではないことを確認しておくことが重要である。

SPACの負の側面

2022年の初めごろ、私はSPACが事業会社との合併後の業績を見るために、企業結合が完了したすべての会社のリストをダウンロードした。さまざまな資産クラスでバブルが生じ、買収に値する優良な非公開会社の数が減っていることを考えると、おそらく合併後のパフォーマンスは良くないだろうと思っていた。そして、その結果に愕然とした。

パフォーマンスは予想よりかなり悪かった。私が調べた合併後のSPAC159社は、全体で株式価値の36％以上を失い、159社中プラスのリターンだったのはわずか12社だった。しかも、これは2022年に株式市場が大きく下げる前の話である。

ロス・グリーンスパンはSPACについて、『マネー・フォー・ナッシング、シェアーズ・フォー・フリー（Money for Nothing, Shares for Free : A Brief History of the SPAC）』という論文を書いているが、この論文で彼が言及した研究の一部に、私は非常に興味をそそられた。[18]この論文では、「第二世代のSPACを平均4年間バイ・アンド・ホールドした場合のリターンは、マイナス51.9％という厳しい結果」だったことが分かった。

良い面では、「第三世代のSPACについての研究では、IPO後から合併前の期間終了までの平均年率リターンは9.3％だった」。

本当にアルファを得ることが難しい市場では、SPACは空売りの

175

格好の標的になる。これが、私がSPACのIPOと企業結合の両方を追跡し、SPACの企業結合のなかから空売りの機会を探す理由の1つだ。

私は2023年3月に再び、SPACのパフォーマンスを確認し、約15カ月の弱気相場がこれらの企業グループにどういう影響を与えたかを調べることにした。

私が分析した315件の企業結合のうち、プラスのリターンだったのはわずか25件（8％）だった。大半はマイナスだった。グループ全体の平均パフォーマンスはマイナス65％近くで、中央値はマイナス78％だった。

こうしたパフォーマンスや、SPACに対する関心の低下、企業固有の問題などが原因で、事業会社とSPACが合併を取りやめることもある。その場合、SPACはほかの買収対象を探さないことに決めれば、株主に資金を返還することになる。

インサイドアービトラージで追跡している525件のSPACの企業結合のうち、48件が中止になった。言い換えると、9％強の案件が不成立に終わっていて、これは合併アービトラージでの買収の失敗率よりも高い。

将来に目を向けると、SPACによる企業結合の件数は減り続けるだろう。そして、実際に企業結合が成立する場合、その企業はうまくいく可能性が高い。これはSECによる監視が強化されていることと、さらに重要なことだが、きれいなスライドで紹介されただれかの想像の産物にすぎない企業に投資家が関心を示さなくなったせいである。私はWeWorkのように、空売りの絶好の機会になりそうなアイデアを求めて、これらの企業グループを追跡し続けるつもりだ。

第5章　SPACS

この章のまとめ

SPACの章をまとめると次のようになる。

1. SPAC、すなわち白地小切手会社を利用すれば、個人やグループは将来に合併できる事業会社を見つけるための資金を調達できる。ベンチャーキャピタリストのドン・バトラーによると、「IPOでは基本的に企業が資金を探すのに対し、SPACでは資金が企業を探す、と考えることができる」。

2. SPACのIPO時の価格は通常1ユニット10ドルである。これらのユニットは52日後に1株と端株分のワラントに分割される。例えば、保有する3ユニットごとに1ワラントを与えるSPACもある。

3. SPACは通常2年以内に合併する事業会社を見つける必要がある。2年以内に事業会社を見つけられなければ、投資家に資金を返還することになる。

4. SPACでは2つの戦略が使える。1つは金融市場で最もフリーランチに近いものである。事業会社を見つけると、SPACの株主による投票が行われる。SPACの株主は反対票を投じて、10ドルを返してもらうことができる。彼らはワラントをそのまま保有できるので、将来その企業結合の業績が好調であれば、ワラントをあらかじめ決められた価格で株式に転換して、利益を得ることができる。

5. ほとんどのSPACは、合併後の業績が振るわない傾向がある。貸株料がそれほど高くなければ、株の空売りをする投資家にとって、SPACは空売りの格好の標的になる。

177

第6章
スピンオフ
SPINOFFS

　スピンオフは企業のライフサイクルに現れる1つの形態だ。企業は創業初期のうちは本業で成長する。成熟期に近づいて本業の成長が鈍化すると、代わりに買収を繰り返して成長する。成熟期に達すると、企業の各部門をスピンオフ——親会社から切り離して新たに独立した会社を設立——するようになる。何年も前に買収され、シナジー効果があると期待され大騒ぎされた会社が、大きな組織にはもはや合わなくなったとしてスピンオフされる場合もある。

　例えば、2005年にシマンテックに135億ドルで買収されたデータ管理企業のベリタスは、10年後にわずか80億ドルでスピンオフされ、個人投資家グループに売却された。ほとんどの場合、既存株主はスピンオフされた企業の株を受け取る。スピンオフされた企業のなかには親会社の栄光をしのぐ大成功を収めたところも何社かある。イーベイからスピンオフされたペイパルや、第1章で述べたフィアット・クライスラーからスピンオフされたフェラーリもここに含まれる。

　親会社からスピンオフされた場合、大手ファンドや機関投資家はその企業の株式をポートフォリオに組み入れたままにしておきたが

179

らず、間もなく売却してしまうことが多い。

その1つの理由は、スピンオフされた企業がファンドの資金配分の基準を満たさない場合があることである。つまり、ファンドが時価総額100億ドル以上の企業だけに投資する大型株ファンドの場合、15億ドルの価値しかない小規模企業はファンドの基準を満たさないため、ファンドのポートフォリオには含まれない。

これはしばしばファンドによる処分売りにつながり、スピンオフされた企業の株価は通常、数週間から数カ月にわたって下落する。スピンオフに注目する投資家は売られ過ぎた株式の一部を喜んで買う。これらの株式は上げ続ける傾向があるが、それは平均回帰のためだけでなく、新たにインセンティブを与えられた経営陣が会社を成長させたり、新たな方向性を打ち出したりする自由を得たおかげという面も大きい。

ジョエル・グリーンブラットの『**グリーンブラットのイベントドリブン投資法**』（パンローリング）がスピンオフされた企業の可能性に光を当ててから、幅広い投資家がこの分野に注目するようになった。[19] やがて、彼の著書が出版される前の暗黒時代にあったおいしい機会はほとんどなくなった。しかし、ウォール街では忍耐力が足りないため、どこに目を向けるべきかさえ分かっていれば、スピンオフされた企業はトレードの格好の標的になる。

スピンオフ、カーブアウト、スプリットオフ、リバース・モリス・トラスト

スピンオフには4種類がある。

第6章　スピンオフ

1. **スピンオフ**　スピンオフでは、既存株主が特別配当を受け取るのと同じように、スピンオフされた企業の株式を受け取る。2019年にラングラーやリーなどのブランドを擁するコントロール・ブランズが親会社のVFコーポレーションからスピンオフされたのはその一例である。

2. **スプリットオフ**　スプリットオフは、既存株主が親会社の株式の代わりに子会社の株式を受け取る選択肢を与えられる場合に起きる。投資家は親会社の株式と子会社の株式のどちらを保有するかを選べるが、両方とも保有することはできない。

3. **カーブアウト**　カーブアウトとは、親会社がIPO（新規株式公開）を通じて子会社の株式のすべてか一部を売却することである。マクドナルドからチポトレ・メキシカン・グリルを分離したのはカーブアウトの一例である。2015年11月にIACから出会い系に特化したマッチ・グループをIPOを通じて分離したのもカーブアウトの例だった。IACはこのカーブアウト後もクラスA株の85％近くを保有し続けた。エクスペディア、チケットマスター、レンディングツリーなどのスピンオフを含めて、これはIACの25年の歴史のなかで最大の事業分離になった。マッチ・グループのブランドポートフォリオにはマッチングアプリのティンダーなどがあり、分離時の時価総額は300億ドルだった。

4. **リバース・モリス・トラスト**　これは節税効果の高いスピンオフの一種で、親会社が子会社をスピンオフすると同時にほかの会社と合併させるものである。製薬大手のファイザーがジェネリック医薬品事業のアップジョンをスピンオフしたいと考えたとき、リバース・モリス・トラストによる取引を利用し、2020

181

年にアップジョンをジェネリック医薬品の上場企業マイラン（ア
ナフィラキシー症状の進行を一時的に緩和するエピペンのメー
カー）と合併させた。合併後の会社名はビアトリスになった。

親会社と子会社のどちらを選ぶべきか

チポトレ・メキシカン・グリルとオーティス・ワールドワイドは
それぞれマクドナルドとレイセオン・テクノロジーズからスピンオ
フされて成功した一方で、スピンオフ後のパフォーマンスがさえな
い企業も何社かある。例えば、IACは企業を買収し、成長させてか
らスピンオフさせることで長い歴史を持つが、最近の試みではつま
ずいている。動画共有プラットフォームのVimeoは2021年5月に
IACからスピンオフされたが、価値の90％以上を失った。

一部のスピンオフされた企業のパフォーマンスがさえない理由は、
負債比率の高い親会社がスピンオフする企業に極端に大きな負債を
負わせることが多いからである。こうすれば、親会社の負債は減っ
て、好業績を報告しやすくなる。また、いくつかのプエルトリコの
不採算ショッピングセンターを含め、ポートフォリオに100件以上
のショッピングセンターを抱えるリテールREIT（不動産投資信託）
が、望ましくない資産をスピンオフして別のREITにし、業績の良
い物件をポートフォリオに残した例も、私は見たことがある。

企業がある部門をスピンオフする場合、フォーム10-12BをSEC（証
券取引委員会）に提出する必要がある。これには親会社とスピンオ
フされる企業に関する重要な情報と、スピンオフされる企業の見積
もり財務諸表が含まれる。

企業はよく投資家向けプレゼンテーションを行うが、これはスピ

ンオフされる企業の構造や、スピンオフを主導する経営陣、スピンオフによって独立した企業に生じる投資機会などを理解するのに非常に役立つ。

フォーム10-12Bと投資家向けプレゼンテーションは、投資家がスピンオフの動機を理解し、子会社と親会社のどちらのほうに投資機会があるかを判断するのに役立つ。

ケーススタディー1 ── ファイザー、アップジョン、マイラン

特許権に保護されていて高価な医薬品を買えない消費者にとって、ジェネリック医薬品はありがたい存在である。特に、1人当たりの所得水準が非常に低い新興国市場の患者にとってそう言える。2020年のインドの1人当たりの年間所得は1663ドルだった。アフガニスタンやマダガスカルのような国の1人当たりの年間所得は非常に低く、それぞれ475ドルと382ドルだった。[20] 年間500ドル以下で必要なものすべてを賄う必要がある場合、高価な薬に何百ドルも出すのは不可能である。固定収入で生活する先進国の退職者も、高騰し続ける薬代を負担に感じている。

消費者にとって万能薬となるはずだった薬が、残念ながら強欲な企業のお金儲けの手段と化し、テバ・ファーマシューティカルズやマイランといった世界最大級のジェネリック医薬品メーカーが共謀して、ほとんどの場合ずっと安く買えたはずの医薬品の価格をつり上げた。

これらの企業に対する世論と政府の反発は2016年に頂点に達した。エピペンのような救命に必要な医薬品をマイランが目に余るほど値

上げしたからである。例えば、ピーナッツなど特定の物質に重度の
アレルギーがある場合、ピーナッツを含む食品を食べると、アナフ
ィラキシーと呼ばれる生命を脅かすアレルギー反応が起きて、体が
ショック状態に陥ることがある。血圧が下がり、呼吸困難に陥る。
エピペンなどのエピネフリン注射を打てば、これらの症状が緩和さ
れて命を救える。これが、学校や重度のアレルギー患者がエピペン
を常備しておく理由である。

　マイランは薬局の棚から競合他社の製品を排除するために、薬剤
給付管理会社（PBM）に違法なリベートを払ったり、別の特許関
連訴訟で相手に有利な条件で和解し、テバのような競合他社にエピ
ペンと同等のジェネリック製品を薬局の棚から外してもらったり、
複雑な独占契約を使って第三の競合他社製品を取り扱わないように
してもらうなど、さまざまな戦術を用いた。[21]

　マイランによる違法な独占の準備が整うと、エピペンの薬価は
2009年の103.50ドルから2016年には608ドル以上へと500％も高騰した。
人々は怒り出し、議会で公聴会が開かれ、マイランのCEO（最高
経営責任者）は議会に呼ばれて証言する事態になった。

　この大失態から生じた訴訟は、2022年に合計6億0900万ドルで和
解した。マイランのようなジェネリック医薬品メーカーが直面した
問題はエピペンの件だけではなかった。価格操作や依存性の高い医
薬品の押し売りなどの問題で相次いで訴訟を起こされ、事業全体が
めちゃくちゃになっただけでなく、まずいタイミングで大きな買収
を何回か繰り返したせいで、多くの企業が多額の負債を抱え、財務
面に打撃を受けた。マイランのように不祥事で株価が急落した企業
もあった。ビジネスモデルは崩壊し、投資家はこれらの企業がどの
程度の訴訟リスクを抱えているのか確信が持てなかった。

184

ファイザーがジェネリック医薬品事業部門のアップジョンをジェネリック医薬品の上場企業マイランと合併させたリバース・モリス・トラスト取引は、マイランがこれらの不祥事から距離を置き、訴訟を乗り切るための支えになった。私が最初、このスピンオフに興味を持ったのは、アップジョンがマイランと合併される前からマイランの株価がすでに安かったからである。

スピンオフの詳細が明らかになるにつれて、私は悟った。ファイザーはスピンオフ時かその前に、アップジョンに120億ドルの社債を発行させて、アップジョンに多額の債務を負わせるつもりなのだ。この社債発行による収入はファイザーが受け取り、スピンオフ完了時には、アップジョンの負債総額が245億ドルもの巨額になる。これには、マイランが貸借対照表に計上していた負債と、アップジョンがファイザーに支払うために新たに負った債務の両方が含まれている。

グリーンブラットは著書のなかで、多額の負債を抱えていて負債比率の高いスピンオフ対象の企業を好意的にとらえているが、2001～2003年と2007～2009年の弱気相場にも投資をしていて、非常に苦しんだ私は異なる見方をしている。負債比率が高いのは重大なリスクだと思っている。新会社の財政状況では異常に多額の負債に耐えられない場合はなおさらである。そうした企業は破綻する可能性が高い。その企業が景気の動向や金利の上昇に左右される場合は、特にそう言える。

このスピンオフは新型コロナウイルスが大流行していた2020年11月に完了し、予想どおり親会社と子会社の株価は正反対の動きをした。その後の２年間に、ファイザーは34％上げたが、子会社のビアトリスは36％近く下げ、**図表6.1**で分かるように、両社のパフォー

図表6.1 ビアトリスとファイザーのパフォーマンスの差

出所=ヤフーファイナンス

マンスの差は70％に達した。

　スピンオフされる企業に投資をする場合、その企業の詳細を理解するだけでなく、より広く業界の力学を理解し、最初に目に映った以上のことが起きていないか確認することが重要である。ファイザー、アップジョン、マイランの三角関係では、親会社であるファイザーが明らかな勝者となった。ファイザーはビオンテックと、効果の高いmRNAワクチンを共同開発する契約を結んだ。

　ファイザーはこのワクチンの売り上げで得た大きな利益で気前良

く複数の上場企業を買収し、医薬品のパイプラインを強化した。私はこの展開を見て、ファイザーをポートフォリオに加えることにした。さらにうれしいことに、開発段階の医薬品を抱える製薬会社をファイザーが買収するために行った案件の多くが素晴らしい合併アービトラージの機会となり、非常に短期間で完了した案件でかなりのスプレッドがあった。

ケーススタディー２──バイオヘイブン

　２番目に説明したいケーススタディーも主役はファイザーだが、スピンオフされる企業にとって非常に有益な結果となった。先ほど見たように、ファイザーはコロナワクチンで得た多額の利益を使って、すでにFDA（食品医薬品局）に承認済みの薬を持っているか有望な薬を開発中のバイオテクノロジー企業や製薬会社を買収した。

　こうした買収は関係するすべての企業にとって有益だった。ファイザーに買収された中小企業はファイザーの広い販売網を利用できるし、ファイザー自身は新しい医薬品で製品ラインを拡充できるからだ。ファイザーがコロナワクチンを円滑に発売するために各国政府といかに緊密に連携していたかを考えると、規制当局がこれらの買収を止めようとはしないだろうと私は思った。そして、それらの買収の多くは発表から３カ月以内に完了した。

　これらの買収は通常と異なる構造をしていた。2022年５月10日、ファイザーはバイオヘイブンの親会社であるバイオヘイブン・ファーマシューティカルを116億ドルで買収すると発表した。バイオヘイブン・ファーマシューティカルの株主は１株当たり148.50ドルの現金を受け取ることになり、これは前日の終値よりも79％近く高い

割増金となった。株主はおそらくこのニュースに興奮するあまり、バイオヘイブン・ファーマシューティカルの持ち株2株ごとに、買収完了後に親会社からのスピンオフによって誕生する新たな上場会社（しばしばSpinCoと呼ばれる）の株も1株もらえるという事実にはまったく注意を払わなかっただろう。

バイオヘイブン・ファーマシューティカルの株価はこの案件発表後に141ドルで引け、アービトラージャーは1株当たり7.50ドルの利益を得た。これは5.32％のリターンだった。この案件は発表から143日後に完了し、私のようなアービトラージャーに年率13％以上のリターンをもたらした。

多くの親会社はスピンオフする新会社に多額の負債を負わせるが、このケースでは、すでに保有している証券や現金を差し引いて、2億7500万ドルの現金が新会社に投入されることになっていた。この案件では、代表的な片頭痛の承認済み治療薬であるナーテックODT（リメジパント）や、承認申請中のザブツプレット（ザベジパント）——片頭痛の急性期治療用の点鼻薬——の販売に関して段階的料金体系のロイヤルティを受け取る権利があり、さらにおいしい条件になっていた。

企業は株主に影響を与える可能性のある重大な出来事を発表するために、SECに臨時報告書またはフォーム8-Kと呼ばれる書類の提出が義務づけられており、出来事から4営業日以内に提出しなければならない。ファイザーがSECに提出したフォーム8-Kには、ロイヤリティの支払いについて次のように具体的な条項が含まれていた。

SpinCoはスピンオフの効力発生直前までに、2億7500万ドルの現金からSpinCoが保有する市場性の高い有価証券および現金同

等物を差し引いた金額を当社から受け取る。さらに、効力発生以降、当社はアメリカにおけるリメジパントとザベジパントの年間純売上高が52億5000万ドルを超えた場合、年間4億ドルを上限に、10％台前半から半ばの料率で段階的ロイヤルティをSpinCoに支払う。このロイヤリティの支払いは2040年12月31日かそれ以前に終了する年度に関して行われる。

2021年のナーテックODTの年間売上高は4億6250万ドルで、このうち1億9000万ドルは2021年第4四半期に計上されたもので、2021年第3四半期に比べて40％増加していた。この薬は片頭痛の予防と急性症状の両方で承認されている。患者が片頭痛の発症時ではなく、それを予期してもっと頻繁に使うようになれば、この薬を利用する人がもっと増える可能性がある。

ファイザーの販売網はナーテックの売り上げにさらに貢献するはずだ。販売キャンペーンにクロエ・カーダシアンを起用したとはいえ、ナーテックODTとザベジパントの年間売上高予想が7億6000万ドルから52億5000万ドルを超えるまでになるというのは、2019年の片頭痛関連薬の世界売上高がわずか18億ドルだったことを考えると大胆な計画だった。ザベジパントは第2相および第3相試験で良好な結果を示し、バイオヘイブンは2022年第1四半期にFDAに新薬承認申請をする準備を進めていた。

新会社がすぐにこの高い売り上げ目標の恩恵を受ける可能性は低いものの、新会社にはファイザーから受け取る現金2億7500万ドル以上にオプション性が加わった。新会社はまた、バイオヘイブンのパイプラインに関連するその他の資産と負債を親会社から引き継ぐ予定だった。ファイザーは片頭痛関連薬（承認済みと開発中の両方）

をすべて保持し、残りは新会社に移すことを望んでいた。

少し面白味を加えるために（というよりは、私たちを混乱させるために）、ファイザーによるバイオヘイブン・ファーマシューティカルの買収完了後、スピンオフされて上場した新会社はバイオヘイブンの名前を残すことにした。バイオヘイブンの取締役であるグレゴリー・ベイリーが買収完了の数週間前に、平均株価148.04ドルで563万ドル相当の自社株買いを行ったため、事態は非常に面白くなり始めた。彼が買ったのは、アービトラージで取れる46セントのスプレッドのためではなく、明らかに買収が完了すれば株主が新会社の株式を無償で受け取れるからだった。

新バイオヘイブンは独立した上場企業としての取引初日を6.30ドルで引けた。同じ週にビラド・コリックCEOは500万ドル強の株式を買った。取締役のジョン・チャイルズも彼に加わり、246万ドル相当の株式を買った。

新会社はスピンオフ後わずか数週間で、1株10.50ドルで株を売り出し、3億0200万ドルの追加資本（経費控除前）を調達した。インサイダーたちはこの売り出しで再び株式を買った。チャイルズは4100万ドル、コリックは900万ドル相当の株式を買った。**図表6.2**から分かるように、ほかの3人の取締役も株式を買い、CEOは2022年10月25日に売り出し完了後も買い続けた。

このスピンオフされた企業の小さな株式はこれを書いている2023年2月現在、142%近く上昇している。これは私がフォローしている合併アービトラージ、スピンオフ、インサイダー取引という3つの異なる戦略が組み合わさって、非常に儲かる機会をもたらしているというユニークな状況だった。

図表6.2　バイオヘイブンのインサイダーによる買い

Owner	Relationship	Date	Transaction	Cost	# Shares	Value($)	Total Shares	Form 4
Coric Vlad	Chief Executive Officer	Oct 31, 2022	Buy	$15.97	25,800	411,995	1,543,394	Nov 01, 2022, 07:34 AM
Coric Vlad	Chief Executive Officer	Oct 28, 2022	Buy	$14.82	100,000	1,482,420	109,565	Oct 31, 2022, 07:52 AM
Coric Vlad	Chief Executive Officer	Oct 28, 2022	Buy	$14.87	41,930	623,352	1,517,594	Oct 31, 2022, 07:52 AM
Bailey Gregory	Director	Oct 25, 2022	Buy	$10.50	200,000	2,100,000	1,507,971	Oct 26, 2022, 06:22 PM
Coric Vlad	Chief Executive Officer	Oct 25, 2022	Buy	$10.50	853,380	8,960,490	1,475,664	Oct 26, 2022, 06:22 PM
CHILDS JOHN W	Director	Oct 25, 2022	Buy	$10.50	3,900,000	40,950,000	5,691,251	Oct 26, 2022, 06:22 PM
Buten Matthew	Chief Financial Officer	Oct 25, 2022	Buy	$10.50	142,857	1,499,999	166,653	Oct 26, 2022, 06:21 PM
GREGORY JULIA P	Director	Oct 25, 2022	Buy	$10.50	9,523	99,992	25,665	Oct 26, 2022, 06:19 PM

出所＝InsideArbitrage.com

なぜスピンオフはうまくいくのか

　前の節では２つのケーススタディーについて説明したが、１つ目では親会社にとって、２つ目ではスピンオフされる企業にとって有益だった。前に触れたファンドによる処分売り以外に、スピンオフがうまくいく理由にはどのようなものがあるだろうか。

　なぜスピンオフがうまくいくのか、今回も映画『フォードvsフェラーリ』のワンシーンを借りて説明しよう。フランスのル・マン近郊で開催されるル・マン24時間レースは、だれが１位になるかを見る普通のレースではなく、24時間ぶっ続けで行われる過酷なショーだ。人間とマシンの両方の耐久力が極限まで試されるレースなのである。最初のレースが開催されたのは100年以上前の1923年だ。このレースでの勝利は、速いだけでなく信頼性の高い自動車を製造できることを証明したい自動車メーカーにとって名誉の証と考えられている。

　フォードとフェラーリとの交渉が決裂し、フィアットがフェラー

リを買収したとき、伝説的なレーシングカービルダーのキャロル・シェルビーは、ル・マンに参戦するだけでなく、フェラーリを打ち負かせる車を作るようにフォードのCEOであるヘンリー・フォード2世を説得した。シェルビーのレーシングキャリアには、アストン・マーティン、マセラティ、フェラーリでの数々の勝利が含まれる。1959年のル・マンではアストン・マーティンで優勝している。彼は1956年と1957年に、スポーツ・イラストレイテッド誌の年間最優秀ドライバーに選ばれている。

　シェルビーの協力を得て、フォードはスーパーカーGT40を製造し、1966年から1969年まで4年連続で優勝して、ル・マンにおけるフェラーリの支配に終止符を打った。しかし、フォードが初めてル・マンに参戦した1965年はうまくいかなかった。フォードはミュルザンヌストレートを時速350キロ以上で駆け抜けたが、思うようにことが運ばず、優勝できなかった。ここで、『フォードvsフェラーリ』でマット・デイモンが演じたキャロル・シェルビーがフォードのCEOのオフィスに入っていく場面に戻る。

　シェルビーはフォードの経営陣の干渉を受けることなく、フォードのレーシングプログラムを完全に掌握しようと決意していた。彼はレース結果に非常に不満げなフォードCEOに説明した。「豪華な待合室で待っているとき、あなた宛ての赤いフォルダーを運ぶ人が4回も変わるのを見ました。おそらく、19階に運ばれるまでにさらに22人ほどの社員が中身を確認するでしょう」と。そして最後に、「委員会方式でレースに勝つことはできません」と言った。

　フォードの官僚主義から解き放たれたシェルビーは、「これで、ル・マンで優勝して、フォードをレース界のトップにできる」と感じた。適切なマシンと適切なドライバーを得て、彼は勝利することができ

たが、不幸にも悲劇的な結末を迎える。それについて知りたければ、映画を見てほしい。

これがスピンオフされる企業の希望と魅力である。巨大企業から解放され、タンク内のガソリン（またはバッテリーの航続距離）が十分にある企業は最初の処分売りが一巡すれば、市場平均を大幅に上回ることができる。

これは単なる推測や不確かなデータではない。数十年にわたる数多くの学術的研究によって、スピンオフされる企業が市場平均をアウトパフォームすることが示されている。

ハーバード大学のブルーノ・サージ教授とジェイムズ・オワーズ教授による2021年の研究「ジ・オンゴーイング・コントリビューションズ・オブ・スピンオフ・リサーチ・アンド・プラクティス・ツー・アンダースタンディング・コーポレート・リストラクチャリング・アンド・ウエルス・クリエーション（The ongoing contributions of spin-off research and practice to understanding corporate restructuring and wealth creation : \$100bn in 1 decade)」は、2007〜2017年にアメリカの上場企業が発表した249件のスピンオフされた企業を調査し、それらが1000億ドルの価値を増加させたことを明らかにした。具体的には、次のように述べられている。

　最近のスピンオフされた企業に関連する異常リターンは、以前の論文で得られた数字と同じ桁であり、これは統計的有意性や新たな経済的重要性の基準が持続していることを示している。

　彼らの論文で最も重要な部分は、1983年にハイトとオワーズ、シ

193

ッパーとスミスが基礎論文で初めて考察したスピンオフされた企業
に関連する影響の一部が現在でも観察されるという記述である。彼
らは続けて、次のように述べる。[23,24]

　私たちの実証分析によると、そうした事業再編は劇的に増えてい
　るが、今から40年前にオワーズ（1982年）によって初めて測定さ
　れた、価値を創造する優れたスピンオフ企業の特性は最近でも維
　持されていることが分かった。最初のアナウンスメント効果と配
　当落ち後の魅力的な異常リターンは今も存在している。

　これらの論文を読み進めるうちに、スピンオフされる企業から価
値を引き出すには、私たち投資家の多くが注目しているスピンオフ
後のパフォーマンスを超える別の方法があることが明らかになった。
アウトパフォーマンスは次の４つから得られる可能性がある。

親会社の株価回復

　親会社の場合、スピンオフの直前とスピンオフのころ。サージと
オワーズの論文によると、スピンオフ後に親会社の株価が完全に回
復する場合もある。つまり、親会社の株主にとって、スピンオフさ
れる企業の株はほとんど無償で分配されることになる。

親会社のパフォーマンス

　スピンオフを特別配当と考える。10ドルで取引されている銘柄が
１株当たり２ドルの特別配当を発表した場合、配当落ち日（配当金

を受け取る権利がなくなる日）には株価が１株当たり２ドルほど下げて、８ドルぐらいになると予想できる。サージとオワーズが自身の調査やその他の学術論文に基づいて示唆しているのは、事業部門をスピンオフした親会社の株価はたいてい、スピンオフされた事業部門の価値ほどは下げないということだ。

親会社の株価がアウトパフォームするもう１つの要因は長期リターンによる。これは、ファイザー、アップジョン、マイランのケーススタディーで見たように、親会社が望ましくない事業部門をスピンオフし、スピンオフされる企業に多くの負債を負わせる場合に特に当てはまる。

子会社の長期的なリターン

アウトパフォーマンスの３つ目の要因は、最初の処分売りの一段落後、スピンオフされた企業の長期的なリターンによって得られる。

親会社か子会社の買収

アウトパフォーマンスの４つ目の要因は、親会社かスピンオフされる企業のどちらかが買収のターゲットになる場合である。場合によっては、親会社が事業部門をスピンオフさせて、自らを魅力的な買収ターゲットに仕立てるケースもある。

アウトパフォームする可能性があるにもかかわらず、近年はスピンオフされた企業への投資は難しかった。ブルームバーグ米スピンオフインデックス（現S&P米スピンオフ・インデックス）は、2019年までは確かにS&P500をアウトパフォームしていた。しかし、

2020年と2021年の新型コロナウイルスの大流行の時期に状況が一変した。この時期にハイテクバブルが起きたが、S&P500の最大セクターが情報技術セクターであることを考えると、スピンオフインデックスがS&P500をアウトパフォームするのは難しかった。

バブルの崩壊が進むにつれて、スピンオフされた企業か親会社が市場平均をアウトパフォームするようになるだろう。

あらゆる戦略には適した時期がある。投資家はパトリック・J・カサティスらが1993年に発表した論文「リストラクチャリング・スルー・スピンオフ（Restructuring through spinoffs : The stock market evidence）」で達した結論を忘れてしまっている可能性がある。論文では、スピンオフによるアウトパフォーマンスは上場1年目の見境のない売りの嵐のあと、2年目に訪れると結論づけている。これは新経営陣が企業の舵取りを担うときに予想されることと一致している。船の方向転換には時間がかかり、船が大きいほど方向転換には長い時間がかかる。この点については、経営陣の交代を扱う次章で詳しく説明する。

スピンオフとサム・オブ・ザ・パーツの状況

リッチ・ハウは幼いころから投資に興味を持っていた。両親がともに投資業界で働いていたことが役に立った。彼は大型バリュー株のポートフォリオマネジャーだった父親から学び、高校や大学でも投資への関心を持ち続けた。アメリカで最も古い投資会社の1つであるイートン・バンスの株式調査部門でキャリアをスタートさせ、やがてCFA（公認証券アナリスト）の資格を取った。スペシャルシチュエーション（特殊な状況）投資の世界に身を置く多くの人々

第6章　スピンオフ

と同様、彼もジョエル・グリーンブラットに触発され、スピンオフ専門のウェブサイトであるストック・スピンオフ・インベスティングを立ち上げて独立することにした。

　私はハウの仕事を数年にわたって細かく見ており、スピンオフ1件につき40時間に及ぶこともあるほど、1つの状況に多くの時間を費やしていることを理解している。私は彼に連絡を取って、スピンオフを分析する際に何に注目しているかについて彼の考えを聞いた。彼の考える最も重要な点は次の3つだった。

1. **これまでの売上高と利益の伸び**　言い換えると、彼はファンダメンタルズ面が健全な企業を探していて、短期トレードは別にして、経営不振が長く続いている企業は避けたいと考えている。これは、親会社の事業部門で業績を上げられなかった経営陣は、子会社の経営でも同じ結果になるという私の経験と一致している。彼らの業績予想を四半期ごとに追跡すれば、予想を下回るパターンに気づくだろう。

2. **負債コスト**　ある程度の負債は問題ないが、高金利のときに多額の負債を抱えているスピンオフ企業は避けたいと彼は考えている。彼も私も、2008〜2009年のリーマンショックと深刻な景気後退の最中に投資をしていたため、負債比率が高ければリターンの増大に役立つと思っていたグリーンブラットとは異なり、2人ともそうした企業を避けたがるのかもしれない。適切な企業が適切な金利のときに、資本コストをはるかに上回るリターンを得ていれば、負債比率が高くてもうまくいくかもしれないが、ほとんどの企業はそうではない。

3. **会社の競争力に注目する**　スピンオフされた企業はその分野で

最大のマーケットシェアを取っているのだろうか。これについての好例が、2016年1月にフィアット・クライスラーからスピンオフされたフェラーリである。フェラーリはブランド認知度が極めて高く、売上高も伸びていて利益も出ていた。しかし、スピンオフされた企業にありがちなことだが、独立初年度の業績は良くなかった。

　カサティスらの論文の結論とは異なり、ハウの手法ではスピンオフされた企業の発行済み株式の少なくとも50％が取引されているか確認する[26]。発行済み株式総数はスピンオフ前にSECに提出されるフォーム10で調べることができる。また、1日の出来高は日々の取引情報を掲載しているさまざまな金融ウェブサイトを見れば分かる。
　ハウが最近気に入っている投資の1つはサム・オブ・ザ・パーツ（SOTP）の状況である。サム・オブ・ザ・パーツ投資とは、ある企業に複数の子会社や事業部門があり、それらすべてを合計した評価額がその企業の時価総額を上回る場合に行われる投資である。例えば、ヤフーは一時期、アメリカでヤフーファイナンスやヤフースポーツなど複数の部門を有するだけでなく、中国の電子商取引の最大手アリババとヤフージャパンの株も大量に保有していた。ヤフージャパンはソフトバンクとヤフーの合弁会社で、東京証券取引所に上場していた。一時は、これらの株式の時価総額と、ヤフーの運営事業に対する保守的な評価を合わせると、市場がヤフーに与えていた価値を上回っていた。
　ハウが気に入ったサム・オブ・ザ・パーツの状況は以前取り上げたIAC社である。彼の評価では、IACの株式価値は2023年3月上旬に1株85ドル程度だったが、株価は50ドル台前半で取引されてい

て、このコングロマリット企業の割安度が修正されれば55％以上の上昇余地があった。1980年代には、コングロマリットは投資家に人気だった。企業は買収に走り、雑多な事業を傘下に収めた。例えば、ウォーレン・バフェットの経営するバークシャー・ハサウェイはコングロマリットであり、上場企業の株だけでなく、家具の小売業からプレハブ住宅の建設業まであらゆる業種の非公開企業の株式も保有している。

バークシャー・ハサウェイの事業が保険業から運輸業まで多様な業種にまたがっているにもかかわらず、割安に評価されないのは、これらの事業からの資金が親会社に入り、ウォーレン・バフェットとチャーリー・マンガーがこれらの資金をどこに再投資すべきかの判断に長けていたからである。つまり、彼らは余剰資本の配分に長けていた。同じことは1980年代のコングロマリットには言えなかった。それらの多くは高金利の負債を使って買収を繰り返した。コングロマリットの経営者は資本配分があまりうまくなく、事業同士のシナジー効果もないことが明らかになると、ほとんどのコングロマリットの株価は基礎となる事業の価値よりも割安で取引されるようになり、コングロマリットディスカウントという言葉まで生まれた。

サム・オブ・ザ・パーツの状況では、スピンオフによって価値が解き放たれる。投資家たちは一時期、サム・オブ・ザ・パーツの状況に魅了された。これは、コングロマリットか持ち株会社の傘下にあるそれぞれの事業の価値を計算し、それらの価値の合計が会社全体の価値よりも著しく高いかどうかを判断するものである。つまり、知りたいのは、これらの事業が１つの会社の下にあるために割安で取引されているのか、また、その潜在能力を十分に発揮する方法はあるのかということだ。

サム・オブ・ザ・パーツの機会について最近あまり耳にしないのは、複数の事業部門を合計した価値に比べて割安な企業を見つけるのが難しいからであり、さらに重要なのは、割安度の修正によって価値を生み出せるほど明確な材料がない可能性があるからである。

持ち株会社が子会社の利用されていない価値を開放する１つの方法はスピンオフをすることだ。別の企業として取引されたら、スピンオフされた企業は割安なコングロマリットの支配から逃れることができ、インセンティブを与えられた経営陣が指揮を執れば、成長を加速させて、有意義なものを築き上げることができる。

IACやカンナエ・ホールディングスなどは買収が得意で、場合によっては買収した複数の企業をまとめて独立させることもある。

サム・オブ・ザ・パーツの状況にある企業で価値を合計するには、個々の子会社や企業内の事業部門の価値を決定するモデルを構築できたとしても、時間がかかるし、ある程度の当て推量も必要になる。カンナエのような企業は時に私たちの作業を楽にしてくれる。この企業は2022年２月の投資家向けプレゼンテーションで、保有株式の各部分の合計がどの程度になるか要点を示してくれただけでなく、2022年３月31日に情報を更新して、**図表6.3**で分かるように、カンナエ株がNAV（１株当たり純資産価値）に対して42％という驚異的な割り引きで取引されていることを示してくれた。

サム・オブ・ザ・パーツの状況を常に把握しておくことは、イベントドリブンの投資家がどういったスピンオフがあるのかや、スピンオフされる前の親会社の歴史を理解するのに役立つ。

図表6.3　カンナエのSOTPの評価額（2022年3月31日現在）

As of March 31, 2022

$'s in millions except for values per CNNE share [7]

会社名	現在の保有比率	投資開始年	投資コスト	公正価値総額 (FV)		FV、手数料及び税金控除後		
				総額	カンナエ1株当たり	総額	カンナエ1株当たり	純投下資本倍率
dun&bradstreet	8830万株 (20%)	2019年	10億6280万ドル	15億4660万ドル	18.21ドル	13億7560万ドル	16.20ドル	1.3倍
CERIDIAN	800万株 (5%)	2007年	4850万ドル	5億4690万ドル	6.44ドル	4億1770万ドル	4.92ドル	8.6倍
alight	5250万株 (10%)	2021年	4億4050万ドル	5億2210万ドル	6.15ドル	4億9610万ドル	5.84ドル	1.1倍
SYSTEM1	2840万株 (26%)+120万ワラント	2022年	2億4830万ドル	4億1370万ドル	4.87ドル	3億5950万ドル	4.23ドル	1.4倍
Paysafe:	5980万株 (8%)+810万ワラント	2021年	5億1900万ドル	2億0990万ドル	2.44ドル	2億7480万ドル	3.21ドル	0.5倍
Sightline	33%	2021年	2億7200万ドル	2億7200万ドル	3.20ドル	2億7200万ドル	3.20ドル	1.0倍
AMERILIFE [6]	20%	2020年	1億2130万ドル	1億2130万ドル	1.43ドル	1億2130万ドル	1.43ドル	1.0倍
Various Other Investments and Adjusted Net Cash [7]	その他の株式投資	いろいろ	1億6600万ドル	1億6600万ドル	1.95ドル	1億6600万ドル	1.95ドル	1.0倍
合計			28億7840万ドル	37億9850万ドル	44.69ドル	34億8300万ドル	40.98ドル	1.2倍

2022年3月31日現在のカンナエの株価23.92ドルは1株当たり内在価値よりも42%安い

出所＝カンナエの投資家向けプレゼンテーション

スピンスパイダー——スピンオフとインサイダー買い

　インサイダーの行動に注意を払うことは企業を分析するときの良いアドバイスであるだけでなく、スピンオフの状況では特に重要である。

　グリーンブラットはインサイダー取引をスピンオフで最も重要な分野と言っている。彼はインサイダーや新経営陣がストックオプションやRSU（譲渡制限付株式ユニット）でいかにやる気になるかについて触れているが、彼らがスピンオフ企業の上場後にどういう行動をするかを追跡することも重要である。インサイダー取引の章で述べたように、インサイダーは株式売買後2営業日以内にSECにフォーム4を提出しなければならない。

　インサイドアービトラージでは、今後予定されているスピンオフと完了したスピンオフのリストを作っていて、スピンオフ後のスピンオフされた企業と親会社のパフォーマンスを追跡している。スピンオフされた企業のインサイダーが自己資金を使って、公開市場で株式を買っているかどうかは重要な判断材料になる。私はこれを「スピンスパイダー」と呼んでいる独自の画面で追跡している。

　本章の2つ目のケーススタディーのテーマのバイオヘイブンはスピンスパイダーの画面に登場し、インテルが2017年に買収して2022年にスピンオフした自動運転の開発を行う企業のモービルアイのスピンオフも登場した。

スピンオフの負の側面

　スピンオフされた企業の株を全体として見れば、市場全般をアウ

トパフォームすることが示されてきた。だが、たとえインサイダーが公開市場で株式を買っていても、それらの企業すべてがうまくいくわけではない。高級住宅を扱う不動産会社のダグラス・エリマンが2021年末にベクター・グループからスピンオフされたあと、インサイダー買いがあったことについて、私は何回か書いたことがある。株価は取引初日に12ドル以上で引けた。インサイダーたちは6ドルを割るまで待ってから買い始めた。株式市場がすでに下落に転じ、FRB（連邦準備制度理事会）がインフレ抑制のために利上げを行っていたことを考えると、不動産、特に高級住宅を扱う不動産を取り巻くマクロ経済環境は最良とは言えなかった。会社は2022年前半の2四半期で業績予想を下回っただけでなく、下半期には赤字を計上し始めた。赤字は2023年も続き、株価は2023年8月には2ドルを数セント上回る水準まで下げた。これは、CEO、CFO（最高財務責任者）、COO（最高執行責任者）らが株を買った水準を大幅に下回っている。

スピンオフでもう1つ難しいのは、タイミングを計ることである。1980年代のオワーズの論文では、スピンオフされた企業が独立して2年目に株を買えばうまくいくことが示唆されていた。そうすれば、ファンドによる処分売りが一巡する。この論文が発表されて以降、株式トレードが格段に簡単で手数料も安くなったことを考えると、この論文で示唆された期間は短くなっているはずだ。リッチ・ハウは浮動株の50％が取引されるまで待つ。この戦略をフォローして、どれくらいの期間待つべきかを定量的に研究しているほかの投資家によると、理想的な時期はスピンオフ後6カ月としている。

スピンオフの状況はそれぞれ異なるので、それを理解するために詳しく調べると報われる。スピンオフされた企業に投資したほうが

良い場合もあれば、親会社のほうが魅力的な場合もある。私は両方を行ってきたが、より多くの情報が入手できるようになったため、スピンオフの直前に考えを変えたこともある。

この章のまとめ

スピンオフの章を要約すると、次のようになる。

1．企業が事業部門や子会社をスピンオフする理由は、社内の経営チームに事業を任せて成長させるために独立させるなど、さまざまな理由がある。また、弱い事業に負債を移してスピンオフし、親会社をより強くする場合もある。

2．スピンオフされた企業の株価はファンドによる処分売りのため、短期的にはパフォーマンスが低下することが多い。投資家はしばしば特定のスタイルや資金配分を持っているため、スピンオフされた企業はそのスタイルに合わないか、ポジションサイズが小さすぎてその企業の株を保有し続けることができない場合がある。

3．長期的には、スピンオフされた企業の株価は市場平均を上回る。いくつかの研究によると、スピンオフ前に親会社の株を買っておけば利益を得られる場合がある。スピンオフ後に親会社の株価が回復し、スピンオフされた企業の株は実質的に無償で分配されるからだ。

4．投資家向けプレゼンテーションと企業がSECに提出するフォーム10を合わせると、親会社とスピンオフされた企業の両方を理解するための良い情報源になる。この情報を検討すれば、親

会社とスピンオフされた企業のどちらに投資すべきか理解できる。

5. スピンオフされた企業のインサイダーを追跡し、ストックオプションやRSUがどれほど彼らのインセンティブになっているかや、スピンオフされた企業の上場後に、彼らが公開市場でそれらの株式をさらに買っているかを調べよう。

第7章
経営陣の交代
MANAGEMENT CHANGES

　ウォーレン・バフェットは、企業経営者が直面する課題について次のように警告した。「優秀と評判の経営者が、不景気な事業に取り組んだとき、残るのは事業の評判のほうだ。投資をして自分の資金を増やせるほど優れた事業を見つけるのは難しいし、優秀な経営者を見つけるのはもっと難しい」

　バフェットが1988年にバークシャー・ハサウェイの株主に宛てた会長の手紙で、「実際、優れた経営陣が経営する優れた事業の一部を所有する場合、私たちの最も好む保有期間は永遠です」と述べたのは、これが理由の1つだった。[27]

　2010年の後半、私は洗濯機と乾燥機を買いたいと思っていた。いろいろ調べて、ベスト・バイの製品に決めた。品ぞろえと価格の最も良い組み合わせがベスト・バイだったことに、私は自分でもちょっと驚いた。ほとんどの消費者はベスト・バイを、電化製品を扱う大型小売店の会社と思っていて、家庭用の大型家電製品を買う場所とは考えていない。

　非常に多くの消費者が実店舗で商品を確認して、アマゾンで注文をするようになったため、電化製品を扱う大型小売店は2010年代に

壊滅的な打撃を受けた。2008〜2009年のリーマンショックで、これらの小売業者の一部は破綻した。ベスト・バイの主要な競合他社であるサーキット・シティーは2009年に破産を申し立て、数年間生き延びていたラジオシャックは2015年に破産を申し立てた。

ベスト・バイで支払いをしていたとき、レジ係と会話をし、「売れ行きはどうですか」と尋ねた。奇妙なことに、彼は「順調です」と言った。私は帰宅後、株価を調べた。1株40ドル前後だったが、オンラインショップとの競争が厳しくなっている実店舗型の小売業に投資したくはなかった。ベスト・バイに投資しないという決断は、短期的には正しかった。株価はその後、2年間下げ続けて、2012年後半に12ドルを下回ったところで大底を打った。

私はベスト・バイに注目し続けるべきだった。この会社はその後、9年間でワクワクするほどの変貌を遂げたからだ。その立役者はユベール・ジョリーで、現在ではハーバード・ビジネス・レビュー誌でCEO（最高経営責任者）のトップ100、バロンズ誌ではトップ30の1人とされている。

ジョリーがベスト・バイの経営をしていた時期、株価は約12ドルから120ドル以上になり、ピーター・リンチの言葉を借りれば「テンバガー」になった。あとで述べるように、株価は経営実績を測る最良の指標ではない。しかし、ここでは売上高、純利益、利益率、ROE（株主資本利益率）などのどれを選ぼうと関係ない。これらはすべて、彼の任期中に成長したからだ。

競争の激しい家電量販店という分野で、特に実店舗というお荷物を抱えながら、彼はどうやってこの変革を成し遂げたのだろうか。

彼は自分の経営哲学の要点を、『THE HEART OF BUSINESS（ハート・オブ・ビジネス）──「人とパーパス」を本気で大切にする

新時代のリーダーシップ』（英治出版）という著書や、「マスターズ・イン・ビジネス（Masters in Business）」というポッドキャストでのバリー・リソルツとのインタビューで述べている。[28]

アマゾンのジェフ・ベゾスCEOは、ジョリーと彼の本について次のように述べている。

> ユベール・ジョリーのリーダーシップの下でのベスト・バイの再建は目覚ましく、世界中のビジネススクールで教えられるべきケーススタディーである。彼は大胆で思慮深く、教えられることがたくさんある。

ライバル企業のCEOから公の場で称賛されるのは珍しいことだ。ジョリーは世界的な経営コンサルティング会社であるマッキンゼー・アンド・カンパニーのフランス支社からキャリアをスタートさせ、13年間にわたって企業が抱える問題の解決に当たった。もっと重要なのは、その間に助言をした企業のCEOたちから学んでいたということである。業種を超えて企業の経営陣たちから学びながら、報酬を得ていた。

投資家であれば、結果ではなくプロセスに集中すべきだという話を聞いたことがあるだろう。プロセスが良く、時間をかけて改善し続ければ、結果は自ずとついてくる。ユベール・ジョリーも同様の哲学を持ち、ビジネスの目的はお金を儲けることではないと信じている。お金は事業をうまく運営すれば結果として付いてくるものなのだ。彼はさらに、ビジネスには3つの責務があると説明する。

1. 人々に対する責務　適切なチームを作り、従業員のやる気を引

き出す。

2. ビジネス上の責務 顧客や取引先のために優れた製品を作り、サービスを提供する。

3. 財務上の責務 すべての利害関係者のために利益を上げる。

　財務上の責務をどれだけうまく果たせるかは、ビジネス上の責務をどれだけうまく果たせるかにかかっている。そして、ビジネス上の責務をどれだけうまく果たせるかは、人々に対する責務をどれだけうまく果たせるかにかかっている。

　経営哲学は結構だが、あれほどの結果を出すために、彼は具体的にどんな対策を講じたのだろうか。

　問題があると認識することは闘いの半分にすぎない。彼は消費者がベスト・バイの店舗で時間をかけて商品をいろいろと試し、店員と話をしたあと、自宅に戻ってもっと安く買えるアマゾンで注文をしていることに気づいた。彼はどういう解決策を取ったのだろうか。顧客がまだ店舗にいる間に、現場の店員にその場でアマゾンの価格に合わせて販売を確定させる権限を与えたのだ。

　大きな組織はほとんどが肥大化しているため、常に経費面で改善の余地がある。ジョリーはこれを逆手に取り、組織にかかっている費用から20億ドルを削減した。その後、彼はサムスンのCEOを夕食の席で説得し、ベスト・バイの店舗内にサムスンの直販店を1000店舗オープンさせるなど、成長と革新のための新たな構想を実行に移した。HPやグーグルなどのメーカーもこれに続いた。彼は説得力に富み、評判も非常に良かったので、2018年にはアマゾンがFire TV用プラットフォームを店舗で販売する独占権をベスト・バイに与えた。

ジョリーは2019年にベスト・バイのCEOを退いたが、さらに2年間、新CEOと取締役会への助言を続けた。現在はハーバード・ビジネス・スクールで教鞭を執り、ジョンソン・エンド・ジョンソンとラルフ・ローレンの取締役を務めている。

業績に対する経営陣の不釣り合いに大きな影響

CEOや経営陣が事業に不釣り合いなほど大きな影響を及ぼすことがある。これはいくら強調してもしすぎることはない。弱い企業が立ち直って勝つのを見ると励みになるが、業績回復を必要としている企業は回復しないことで有名である。驚くほどの回復が本当に見られるのは、優れた経営陣と強い事業が組み合わさったときだ。

アップル、マイクロソフト、コストコ、ダナハー・コーポレーションなどは、優秀な経営陣によって経営されている優れた事業の例である。しかし、永遠に続くものはなく、不変なのは変化だけである。

モンタナ州の川の支流を社名にしたダナハーは、1984年に製造業を統括する会社として出発した。その後、買収と売却を繰り返しながら、ライフサイエンスと診断技術の企業に変貌した。ダナハーは日本の経営哲学であるカイゼン（継続的改善）を創業当初に採用し、その後、独自のダナハー・ビジネス・システムに発展させた。

事業運営のための優れたシステムは企業の成功に大いに役立つが、結局のところ、業績を上げるのは人材である。国の指導者と同じように、CEOと経営陣はその企業の将来の方向性に大きな影響を与える。ダナハーの現CEOであるライナー・ブレアはこの会社に10年以上勤務したあと、新型コロナウイルスの大流行が深刻化してい

た時期にCEOに就任した。マット・マクグルーはもっと長く勤務したあと、2019年1月にCFO（最高財務責任者）に就任した。

会社の売上総利益率はなんと60％以上、純利益率は23％近くで、売上高は2017年の155億2000万ドルから2022年の314億7000万ドルへと過去5年間で2倍以上に増えた。この成功の多くはダナハーの前CEOであるラリー・カルプによるものである。彼はこの章のケーススタディー2で説明するように、ゼネラル・エレクトリックでも同様の変革を成し遂げた。

投資家は多くの指標に注意を払うが、なぜか注目に値する経営陣にはそれほど注目しない。

その理由は、業績を経営陣に割り振るのが難しいからかもしれない。ジェフ・ベゾスがかつて語っていたように、アマゾンのどんな良い四半期も、結果は3年前に固まっていた。彼はいつでも3年後に結実することに取り組んでいた。

上場企業のCEOの在任期間の中央値が4年弱、CFOの在任期間はさらに短く3.5年ということを考えると、業績の向上や悲惨な失敗を経営陣のせいにするのは投資家にとっては難しくなる[29]。そのため、投資家は純利益、ROIC（投下資本利益率）、ROEなど、経営がどれほど効果的だったかを反映する指標に頼ることが多い。

優秀な経営陣のいる優れた事業に運良く投資をしていた場合、経営陣の交代や幹部がなぜ変わったのかを追跡することが重要になる。

指揮を執る創業者たち

私は創業者がまだ指揮を執っている会社に注目したい。事業を軌道に乗せるのは極めて難しく、規模を拡大するのはもっと難しい。

会社が上場するまで指揮を執り続けるのは非常にまれなことである。これが、たとえ事業が大成功を収めていても、数年後に指揮を執っている創業者が非常に少ない理由の1つだ。

トップに立ち続ける数少ない人たちは絶えず自己を改革し続けなければならない。そのほとんどはビル・ゲイツ、ジェフ・ベゾス、スティーブ・ジョブズ、マイケル・デル、マーク・ザッカーバーグ、ナラヤナ・マーシー、ジャック・マーといった有名人である。そして、CEOであり続けながら、ザッカーバーグたちほど広く知られていない人もいる。そのなかには、1989年にガレージで医療機器会社マシモを創業したジョー・キアニや、2008年にTwilioを創業したジェフ・ローソンなどがいる。

このような創業者が公開市場で自社株買いを行う場合、私は特に注意を払う。創業者は会社で長く指揮を執っていて、自分の純資産の大部分が会社と結びついているからだ。1985年にアップルを辞めたスティーブ・ジョブズのように、創業者が退任を決めたり、退任に追い込まれたりした場合にはもっと注意を払う。

投資に関するあなたの主張の一部が、創業者が会社を率いることに基づいているのならば、創業者が去るとその主張を再検討する必要がある。ウォーレン・バフェットの「愚か者でも経営できる事業に投資すべきだ。いつか愚か者が経営するようになるからだ」という言葉が頭に浮かぶ。

この言葉には多くの真実があり、事業の質は非常に重要ではあるが、競争が激化しているこの世界では、経営陣、特にトップにいる創業者があなたの投資の結果を大きく左右する可能性がある。

213

新経営陣の以前の企業でのパフォーマンス

　経営陣は３カ月に１回、投資家に四半期決算や年次決算の報告をしなければならない。公平か不公平かは別にして、CEOやCFOの在職期間は、彼らが会社を率いていた間の株価の上げ下げによって評価される。

　2008年のリーマンショックの少し前にバートン・ビッグスの『ヘッジホッグ──アブない金融錬金術師たち』（日本経済新聞出版）を読んだとき、心に残ったことは、株価の短期的な動きが企業の本質的な価値ではなく、心理に左右されることがいかに多いかということだった。株価の短期的な動きや不合理な市場の背後に恐怖と強欲さがあることはすでに気づいていたが、私が驚いたのは、ビッグスが投資家心理のせいだとした短期的な値動きの大きさだった。

　どの時期をとっても、株価の動きの３分の２から４分の３はこうしたセンチメントで動いていると考えるのが妥当だろう。私は読んだ本から２つか３つの重要な情報を探すことにしているが、これは私にとって大きな情報だった。これは15年以上私の心に残り、この洞察を自分の投資プロセスに取り入れることができた。

　長期的には、株価を決める力は市場のセンチメントよりも、企業の本質的価値のほうが勝るだろう。株価のパフォーマンスという尺度は気まぐれに長期になったり短期になったりするので、経営のパフォーマンスを正確に測るのには不向きである。信頼できる尺度がない場合、投資家にはどういう選択肢があるだろうか。

　本業の売り上げの伸び、EPS（１株当たり利益）の伸び、強い財務体質など、さまざまな指標を見ることができる。しかし、注目すべき重要な指標はROEとROA（総資産利益率）である。

ROEは純利益を株主資本で割って算出する。純利益は年次決算を発表するプレスリリースか、企業がSEC（証券取引委員会）に提出しなければならない10-Kの損益計算書で確認することができる。

株主資本は会社の貸借対照表に記載されている。これは総資産から総負債を差し引くことで計算できる。つまり、会社がすでに持っている資産（現金、在庫、売掛金など）を利用して、すべての負債の返済後に残ったものが株主資本である。

ROEは業種によって異なり、不動産（工場など）を多く保有する固定資産比率の高い企業は、ソフトウェア企業のような固定資産比率の低い企業に比べてROEが低くなる。例えば、ウォルマートのROEは14.60％であるのに対し、マイクロソフトのROEは39.31％と驚異的である。ROEを見る場合、同一業種の企業同士で比べる必要がある。コストコは経営が非常に良い小売企業だということは、小売業界のだれでもが知っているが、それは29.47％という現在のROEにも表れている。対照的に、コールズのような小売業のROEは12.25％で、ドラッグストアチェーンのライトエイドは赤字のため、ROEはマイナスである。

投資機会を探すために銘柄をスクリーニングする場合、私はROEが15％以上の企業を探す傾向がある。

ROEを経営の効率性の尺度にする弱点の１つは、予期しない出来事のせいで純利益が年によって変動する可能性があることである。そのため、ROEが異常に低く見えたり高く見えたりする時期がある。ROEの傾向を見て、その変化をもたらした根本的な要因を理解すれば、弱点を取り除く役に立つ。

ROAはROEとよく似ているが、純利益を株主資本で割るのではなく、総資産で割る。多くの事業の固定資産比率が低いことを考え

ると、ROAはROEほど役に立たない。ホテルチェーンのマリオットやヒルトンのような企業は、実際にホテルそのものを所有するのではなく、ブランドのライセンス供与を行っているため、固定資産比率は低い。ヤム・ブランズはピザハット、KFC、タコベル、ハビット・バーガー・グリルなどのブランドを所有し、155カ国以上で5万5000店のレストランのうち98％近くをフランチャイズ展開している。

新しいCEOが会社に加わると、通常は大きな希望や興奮に包まれる。希望や興奮は人生では役に立つが、投資においては非常に危険である。いったん、特定の結果を期待し始めたら、その投資は厄介な状態になりやすい。現状や今後起きることについての考え抜かれたモデルに基づく期待であれば、話は別だ。

新経営陣に用いるべき良い枠組みは、前職での業績が公開情報で確認できるのであれば、それを確かめることである。その会社の売上高と利益が伸びて、資本を効率的に配分し、素晴らしいROEを達成していたかを確認すればよい。

不当な報酬なのか、正当な報酬なのか

近年は非常に高額な役員報酬について、多くの記事が書かれている。CEOの報酬総額はその会社の従業員の報酬の中央値の数百倍、場合によっては数千倍（そのとおり、数千倍）にも達することがある。

高水準の役員報酬は正当化されるのだろうか。場合によっては、答えはイエスだ。最も分かりやすい例えは、短期間のスポーツ選手生活で数千万ドルや数億ドルもの報酬を得る一流アスリートである。

同じように、これらの会社役員もキャリアの大部分を費やして、トップで成功するために必要なスキルを身につける。一流アスリートと同じように、彼らはほとんどの従業員よりもはるかに長い時間をつぎ込む必要がある。そして、アスリートと同じように、厳しい役割を果たすために、スタミナと精神的な強さを必要とする。このような職務は神経が磨り減るものであり、燃え尽き症候群になることも珍しくない。会社を率いることは何回も挑戦できるわけではないので、彼らのキャリアは早く終わるかもしれない。

　こういった役員は数えるほどしかいない。彼らは活力と先見性に富み、常にほぼ完璧な成果を期待される。

　残念ながら、現実はこれとは大きく異なる。経営陣に任命され、株主の利益を最優先に考えない取締役たちは役員報酬コンサルタント（CEOが連れてくることが多い）を利用するせいもあり、正当な報酬をとんでもない水準の報酬にしている。

　ある企業への投資を検討しているのであれば、SECのウェブサイトから委任状説明書を取り出して、特に報酬一覧表（Summary Compensation Table）という項目を確認してみてほしい。SECはこれを次のように説明している。

　　報酬一覧表は、SECが要求する役員報酬に関する情報開示のかなめである。報酬一覧表は会社の役員報酬の慣行を1カ所にまとめて提供したものである。この表には過去3会計年度のCEO、CFO、そのほか報酬が最も高い執行役員3人に支払われた報酬総額が記載されている。次に、直近に完了した会計年度の報酬の各項目について、より具体的な情報を含む表や開示が続く。この開示では特に、ストックオプション、株価上昇受益権、長期イン

217

センティブ制度、年金制度、雇用契約、および関連する取り決めに関する情報が含まれる。

株式付与は通常、数年間にわたって権利が付与される。グーグルの場合は3年である。付与額の3分の1は最初の1年後に確定し、残りは3カ月ごとに均等に付与される。また、付与された株式の価値は会社の株価の動きに基づいて上下することもある。

投資家にとって、ここでの教訓は2つある。

1. 常に情報源（この場合はSECへの提出書類）を見て、その情報が正しいか確認すること。データに異常値が見られる場合は特にそれを心がけよう。
2. 提出書類の脚注やその他の関連情報に時間をかけて目を通し、さらに理解を深めよう。

もう1つ、委任状説明書で見つけられそうな役に立つ情報は、報酬比率である。2017年1月1日に会計年度が始まった企業に対してSECが新たに提出を義務付けた報酬比率を、投資家は2018年から垣間見ることができるようになった。報酬比率はCEOの報酬を従業員の報酬の中央値で割って算出する。例えば、CEOの2018年の報酬総額が1000万ドルで、従業員の中央値が10万ドルであれば、報酬比率は100倍になる。インテルの場合、パット・ゲルシンガーCEOの報酬は従業員の報酬の中央値である10万4400ドルの1711倍という驚異的な額だった。

ジョシュア・ホワイトらによる論文『ザ・セイリエンシー・オブ・ザ・CEO・ペイ・レシオ（The Saliency of the CEO Pay Ratio)』

では、報酬比率が非常に高い企業はこれが公になることで従業員の士気に影響しないように、いかに情報を肯定的な方向に操作しようとするかについて論じている[30]。著者たちは、「報酬比率が高かった企業は2年目になると、中央値になる従業員の選び方を変えて、報告した比率を下げる可能性が高い」ことを発見した。

企業は報酬体系がとっぴなことを認識しており、CEOの報酬を変える代わりに、従業員との関係を肯定的に描くストーリーを挿入したり、報酬比率が下がるように中央値が異なる従業員を選んだりしている。報酬比率の高い企業に対する影響は、論文の著者たちが次に述べるように小さくない。

報酬比率の高い企業では、特に比率が予想外に高いと報告された場合、CEOの業績や自分の報酬に対する従業員の見方は低下する。こうした企業は従業員の生産性もあまり向上しない。顧客とのやり取りが多い業種のように、従業員が売り上げに直接影響する業種では、特にそう言える。

投資家が知りたい大きな疑問は、こうした役員報酬によって株式のパフォーマンスは良くなるのか、ということだ。大局的には、答えはノーだ。

EPI（経済政策研究所）が2021年に実施した調査によると、1978～2020年までに、CEOの報酬は1322％増え、この間の株式市場の成長率を60％上回り、一般的な労働者の報酬成長率18％を大きく上回った[31]。この調査の構成で私が気に入ったのは、インフレに合わせて報酬を調整していることと、もっと重要なことだが、「実」報酬に焦点を当てていることだ。実報酬では、株式報酬が与えられた時

点やストックオプションが現金化された時点（権利確定時点ではない）で計算される。

1978～2000年までは、権利が与えられた時点の報酬と実報酬の差は大きくなかった。その後、相関関係が崩れていった。近年のCEOの報酬では、現金で保証された報酬よりも株式報酬の割合が大きくなっていることを考えると、20世紀よりも今世紀のほうが強気相場や弱気相場がCEOの報酬に大きく影響しているため、相関関係の崩れは納得できる。

さて、役員報酬に関する情報を見つける方法と、それが株式市場の上昇率を大きく上回っていることを理解した。ここから、CEOの報酬が過大か過小な企業について何か推測できるだろうか。つまり、自分のポートフォリオに役員報酬が非常に手厚い企業があった場合、何らかの行動をする必要があるだろうか。

MSCIが発表した調査論文では、調査会社が2006～2015年の10年間における423社を対象に、CEOの総報酬実績とTSR（株主総利回り）の関係を調査した[32]。その結果、次のことが分かった。

　　TSRは10年間の累積ベースで、株式インセンティブの付与額が上位5分の1の企業よりも、下位5分の1の企業のほうが平均で約39％良かった。

役員報酬が高くても株価の上昇につながらないだけでなく、これは報酬コンサルタントやCEOが私たちに信じ込ませようとしていることとは正反対だった。CEOの報酬が最も少なかった企業のほうが、最も多かった企業よりも株価の上昇は39％も良かった。

論文では、役員報酬が最も手厚い企業のほうがTSRが低い原因は、

業績評価が短期的であることや、後継者育成計画が不十分であること、SECが義務付けている年次報告書の基準の問題、それに業績評価を株価に関連した指標に頼りすぎることにあるとされている。この章ですでに述べたように、株価は経営陣を評価する良い尺度ではない。経営陣のパフォーマンスを理解するためには、ROEを含むほかの指標を長期で見る必要がある。

ケーススタディー1 ── クアルトリクス・インターナショナル

2022年4月、私は2021年にドイツのソフトウェア大手SAPからスピンオフされて、IPO（新規株式公開）をしたクアルトリクス・インターナショナルという会社に注目していた。

この会社はXMos（エクスペリエンス・マネジメント・オペレーティング・システム）と呼ぶシステムを使って、企業の顧客満足度の測定を支援している。1万6000以上のブランドとフォーチュン100社の75％がXMosを使っている。

クアルトリクスは2003年にベイン・アンド・カンパニーが開発したNPS（ネット・プロモーター・スコア）という1つの質問による標準化された調査で顧客満足度を測定している。この調査はあらゆる種類や規模の企業との取引後に顧客に行われるのが一般的なので、あなたも目にしたことがあるかもしれない。この質問では、その会社か製品かサービスを友人や同僚に勧める可能性がどれくらいあるかを尋ねる。

回答は0から10までのスコアで行う。調査に回答した顧客は3種類に分類される。

1. **推奨者**　9点か10点と回答した顧客。彼らはその会社をほかの人に勧める可能性が非常に高い。
2. **中立者**　7か8と回答した顧客。彼らはその会社をほかの人に勧める可能性は低いが、その会社が提供する製品やサービスを使い続ける可能性は高い。
3. **批判者**　彼らはその会社の製品やサービスや、受け取った価値に特に満足しておらず、質問に対して0〜6のいずれかの評価をしている。

　NPSを計算するには、7点か8点（中立者）の回答は外して、推奨者から批判者を差し引く。回答者全員が推奨者の場合、合計スコアは100になり、だれもが満足する。一方、回答者全員が批判者であれば、合計スコアは−100になり、問題を理解してそれを迅速に解決するために、組織内で緊急会議が何回も開かれる。中立者の回答しか得られなかった場合、合計スコアは0になる。したがって、ほとんどの企業のスコアは100から−100の間のどこかに入る。

　上場企業のなかにはNPSスコアを発表し始めているところもあり、投資家は高いNPSスコアを分析対象企業の質の高さの指標にしている。私はNPSシステムを導入しているサンフランシスコの企業で働いたことがあるが、受け取った結果は核心を突いていた。NPSシステムから得られる回答に注意を払えば、企業が継続的な改善手法を用いる役に立つ。

　クアルトリクスの話に戻ると、ここは企業がNPSシステムを導入し、その結果から状況を理解する手助けをすることを事業にしていたのだが、この会社の2021年度のキャッシュフロー計算書で気づいたことに衝撃を受けた。

この会社は、2021年度に売上高が42％増の10億8000万ドルに達したにもかかわらず、10億6000万ドルの純損失を報告していた。さらに注目すべきは、株式報酬がぴったり10億6000万ドルだったことである。つまり、2021年にオプションとRSU（譲渡制限付株式ユニット）で10億6000万ドルを従業員に支払っていなかったら、損益ゼロだったことになる。

もちろん、これは非常に単純化された考え方で、成績が優れている従業員には基本給やその他の手当に加えて、株式による報酬を支払うべきであることが多い。従業員の株式報酬が多いほど、彼らと株主の利益は一致する。しかし、この会社の場合、この考えは極端だった。

クアルトリクスとその株式報酬に関する記事を書いてからほぼ1年後、2021年度の報酬総額が最も多いアメリカの上場企業CEOをリストアップしたエクイラー200の調査を目にした。[33]

トップは広告会社トレードデスクの創業者兼CEOで、報酬総額はなんと8億3500万ドルだった。創業者やごく初期の投資家は純資産の多くが自社株と結びついているため、彼らの報酬と株主の報酬は足並みがそろっている。2位はクアルトリクスのジグ・セラフィンCEOで、報酬総額は5億4000万ドル以上だ。この会社が2021年度のキャッシュフロー計算書に計上した株式報酬の半分以上がCEOに支払われていた。5億ドル以上、正確には5億4051万3050ドルだった。

クアルトリクスの株主にとってはどうだったのだろうか。会社がスピンオフされたIPO時の株価は30ドルだった。取引初日は45.50ドルで引け、数日後に下落に転じ、2021年は35.40ドルで取引を終えた。2022年にハイテクバブルがはじけると、株価はその年の11月

に9.65ドルでようやく底を打った。

　クアルトリクスの話は、2023年3月にプライベート・エクイティ会社シルバーレイクとCPPインベストメンツ（カナダ年金制度投資委員会）による全額現金での買収で幕を閉じた。彼らは73％という大きな割増金を支払い、125億ドル、１株当たりでは18.15ドルで買収した。経営陣のオプションや株式付与は通常、買収で前倒しにされて、買収完了時に支払われる。IPO銘柄への投資家や株式上場後に投資した人は運が悪かった。

　クアルトリクスとほかの数社の委任状説明書を見てみると、先ほど参照したエクイラー200の調査には、報酬総額の計算方法に欠陥があることに気づいた。それは株式報酬を権利確定日までの期間に分散させるのではなく、株式付与をされた年にその全額を使って計算していることだ。例えば、グーグルのスンダー・ピチャイCEOは基本給65万ドルとその他の報酬336万ドルに加えて、2019年に約２億7300万ドル相当の株式付与をなされていて、この年の報酬総額は２億8062万ドルになった。2020年と2021年には追加の株式付与を受けなかったので、2021年のエクイラー200のトップ報酬CEOのリストには入らなかった。

　2021年の報酬が最も高いCEOトップ200のリストで目立っていたのはクアルトリクスだけではなかった。10位に入ったのはインテルのパット・ゲルシンガーCEOで、報酬総額は１億7800万ドルだった。

　2021年2月にゲルシンガーがCEOとしてインテルに復帰したのは、希望の光だった。インテルはAMDやエヌビディアとの競争に負けて、本業が不振だったからだ。彼は近年では、2012年からサーバーの仮想化企業VMwareのCEOを務めていた。だが、もっと重要なのは、以前にインテルで30年間さまざまな職務を経験し、CTO（最高技

術責任者）になっていたことだ。彼はUSBやWi-Fiのような技術の創造を推進する責任者だったし、オリジナルの80486プロセッサーの設計者でもあった。

彼の下でインテルはどうなったのだろうか。彼がトップに就任してからの2年間にナスダックが18％下げたのに対して、インテルの株価は50％以上も下げた。インテルほどの規模の会社を立て直すには時間がかかるにしても、2年目には復活の兆しが見え始める必要があった。前に述べたように、株価で経営実績を測るのは最も良い手法とは言えず、ROEのほうがより良い尺度である。インテルの純利益は2021年の198億7000万ドルから2022年には80億1000万ドルに急減した。ROEはわずか7.9％に低下し、会社は配当を65％減らした。

インテルの運命は今後変わる可能性がある。次のケーススタディーで述べるように、大企業の立て直しには数年かかることもある。インテルについてはまだ結論が出ておらず、投資家は2014年にライバルのAMDでCEOに就任したリサ・スーが成し遂げたのと同様の変革をゲルシンガーも成し遂げられるかどうか、見守るしかない。

ケーススタディー2──ゼネラル・エレクトリック

19世紀に設立されたゼネラル・エレクトリックは、1世紀以上にわたって革新と企業の指導力の輝かしい指針だった。会社は経営陣の人材のるつぼであり、ゼネラル・エレクトリックを退社後、アルバートソンズやホーム・デポといった大手上場企業を率いた経営者は10人以上いる。

2000年のITバブルの崩壊はゼネラル・エレクトリックにとって

新たな時期の始まりとなり、財務諸表のたび重なる修正再表示、SECによる会計慣行の調査、2000億ドルをはるかに超える純負債が記された貸借対照表など、不祥事が続き、株価は暴落した。ゼネラル・エレクトリックのジェフ・イメルトCEOは、ジェット機に機械のトラブルが生じた場合に備えて、社用ジェット機を乗客の乗っていないビジネスジェット機で追わせたという噂もあり、会社の評判はさらに落ちた。

ゼネラル・エレクトリックの金融部門は2008年には破綻寸前だったが、ウォーレン・バフェットが30億ドルを投資して暴落から救われた。2020年にも、世界中のほかの企業同様、新型コロナウイルスの大流行に襲われて、多くの分野、特に航空分野で大きな後退を余儀なくされた。20年近く経営に失敗し続け、2020年までに投資家たちはウォール街で最も名高い企業の1社であるゼネラル・エレクトリック株を見限った。

ラリー・カルプは2018年4月にゼネラル・エレクトリックの取締役になり、10月にCEOに就任すると、なんとか業績を大きく回復させることに成功した。業績回復の試みは大いに可能性があると言いたいが、本当に業績が回復することはめったにない。大企業であるほど、また赤字が大きいほど、業績回復には時間がかかる。ゼネラル・エレクトリックの赤字は非常に大きかった。

カルプがCEOに就任すると、株価は急騰したが、その後の2カ月で40％以上も下げた。しばらくの間、彼は能力以上のことを企てているように見えた。彼の指導の下、ゼネラル・エレクトリックは徐々に負債を減らし、総額で900億ドル以上を削減することに成功した。そして、彼はゼネラル・エレクトリックを中核事業に再び集中させるように努めた。照明部門やバイオ医薬品事業などの売却を

進め、2019年初めにはゼネラル・エレクトリック・トランスポーテーションを鉄道機器メーカーのワブテックとの合併によってスピンオフした。

カルプはゼネラル・エレクトリックの変革だけでなく、ダナハーの変革でもよく知られている。ダナハーには1990年に入社し、2000年から2014年までCEOを務めた。在任中にダナハーの時価総額と売上高を5倍にし、220億ドル以上の買収によって巨大コングロマリットにした。

買収もスピンオフも、ゼネラル・エレクトリックが過去に何回も用いてきた手段だが、カルプのリーダーシップの下では、特にさまざまな事業部門のスピンオフによって、経営を合理化することに重点が置かれた。

スピンオフでの原則は、スピンオフされる企業に多くの負債を負わせることである。ゼネラル・エレクトリックもこの戦略に従い、ゼネラル・エレクトリック・ヘルスケアを含むスピンオフ企業に多くの負債を負わせてきた。この原稿を書いている2023年末現在、ゼネラル・エレクトリックの変革はほぼ完了し、貸借対照表上の純負債はほぼゼロになっている。ゼネラル・エレクトリックは2024年に電力事業と再生可能エネルギー事業をスピンオフして、ほぼ航空事業のみに特化したスリムな会社にする予定だ。

ゼネラル・エレクトリックの経営陣も投資家もトンネルの先に光を見ている。カルプを含む4人のインサイダーは2022年5月に公開市場で自社株買いを行い、これを書いている現在、株価は過去1年間で100%以上も上げ、S&P500を大きく上回っている。

ゼネラル・エレクトリックの投資家にとって、カルプのダナハーでの長期の業績はゼネラル・エレクトリックも業績を回復させる可

能性が高いというシグナルに見えたが、特に再建中に新型コロナウイルスのような嵐に見舞われると、船の向きを変えるには時間がかかるというシグナルでもあった。インサイダー買いとバランスシートの改善も明るい未来を示していた。

経営陣の交代の負の側面

　本章で取り上げた２つのケーススタディーでは、異なるCEOの下での２つの企業の姿を見たが、結果は極めて対照的だった。前の企業でCEOがどういう業績を上げていたかを調べ、途方もない報酬を受け取っていないか確認し、突然の辞任について追跡すれば、経営陣が交代した企業がどのような業績を上げそうか想像する役に立つ。しかし、それだけでは十分ではない。

　2012年から2017年までヤフーのCEOを務めたマリッサ・メイヤーは、会社を変革するために招かれたスターCEOの一例である。彼女はスタンフォード大学で学士号と修士号を取得した直後の1999年、わずか20人目の社員としてグーグルに入社した幹部だった。高学歴で才能があり、アドワーズやグーグルマップなど大きな収益をもたらす数多くのグーグル製品に携わり、企業買収を主導してきた。

　2012年に就任した彼女が、３年もたたないうちに複数のヘッジファンドから交代を要求されるようになるとは想像もしなかっただろう。彼女は2013年にTumblr（タンブラー）の11億ドルでの買収を指揮したが、ヤフーは結局それを2019年にわずか300万ドルで売却した。彼女はヤフーが保有する貴重な中国の電子商取引大手アリババの株式の一部をアリババに売却したが、その取引は彼女自身の言葉によれば「数百億ドルの利益を損なう」ものだった。彼女は2017

年にCEOを辞任することに同意するまで、広告収入の大幅な減少を監督する立場だった。これはある程度、評判の悪い事業が評判の良い経営者に出会い、厳しい試練で事業の悪い評判のほうが残ったケースだった。

新CEOの前の企業での実績が投資家の指針に不十分ならば、何が指針になるだろうか。インサイダー取引、自社株買い、スピンオフの章で述べたように、答えはもっと複雑であり、次のような情報を集めて見る必要がある。例えば、①インサイダーが自己資金で自社株を買っているのか、それとも手厚い株式報酬をすぐに現金化しているのか、②会社の財務状況はCEOの楽観論を反映しているのか、③考え抜かれた買収や事業部門のスピンオフなどによって、最適な資本配分戦略が実行されているのか——などだ。

ミッシェル・レダーは金融ジャーナリストで、『ファイナンシャル・ファイン・プリント（Financial Fine Print ： Uncovering a Company's True Value）[35]』の著者である。彼女は私と同様、投資歴が浅い時期に大損をすると、理解を深めるためにSECへの提出書類の脚注を詳しく見るようになった。彼女が著書で述べているように、SECの元委員長は次のように言ったことがある。

投資家が脚注を読まないことを望む企業が非常に多い。これを知るだけで、脚注を詳しく読む十分な動機になるだろう。

企業の10-K（年次報告書）や10-Q（四半期報告書）などのSEC提出書類の細目や脚注から得られる洞察を8-Kの情報と組み合わせると、経済関係のメディアやテレビで知るよりもずっと前に企業の問題点を発見できる。ある四半期と次の四半期での脚注の微妙な変

化や、提出書類の「リスク要因」部分での文言の変化は、投資家に倒産の危機に瀕していることを警告している場合もある。

提出書類に細心の注意を払うことで分かる情報は、必ずしも悪いものばかりではなく、その企業が買収のターゲットかもしれないということを知らせてくれる場合もある。

私が8-Kで特に注目しているのは「項目5.02」だ。ここには、経営陣の退任、取締役の選任、新役員の選任、経営陣の特定の人物に対する報酬が発表されている。

例えば、ネットフリックス創業者のリード・ヘイスティングスが共同CEOを辞任すると決めたとき、会社は2023年1月19日にSECに提出した8-Kで次のように報告した。

項目5.02　取締役または特定の役員の退任、取締役の選任、特定の役員の選任、特定の役員への報酬の手配

2023年1月13日、リード・ヘイスティングスは当社の取締役会（以下「取締役会」）の会長に任命され、直ちに発効した。その時点で、ヘイスティングスは当社の共同CEO兼社長の職を辞したが、会長としての新たな職務で引き続き当社従業員である。また、2023年1月13日に、グレッグ・ピーターズ（52歳）が当社の共同CEOに任命された。ピーターズは当社の共同CEOであるテッド・サランドスとともに共同CEOを務める。さらに、ピーターズは取締役に任命されており、クラス1取締役に就任する。ピーターズはまだどの取締役会委員会の委員にも任命されていない。どちらの任命も2023年1月13日付で発効した。

ヘイスティングスの移動は以前から計画されていたようで、アマ

ゾンのジェフ・ベゾスのように、会長の立場でネットフリックスにかかわり続けるだろう。

レダーはあるインタビューで、SECへの提出書類で最大の警告となるのは突然の辞任だ、と述べている。幹部の退任のような悪いニュースは、多くのアナリストや市場参加者が注目していない金曜日の市場の大引け後や3連休の直前に開示されることが多い。これが、私が経営陣の交代について毎週、報告するときに、突然の退任を別に追跡している理由である。

その企業がどういう経営をしているか詳しく知っていて、業績を大きく左右するプロジェクトにかかわっていそうな会社役員が、明確な理由もなく突然退職を決めた場合、企業が深刻な問題を抱えている可能性がある。それもあって、役員の退任が財務報告やそのほかの企業の問題とは無関係であると、わざわざ示す会社もある。

ある面白い例では、ソフトウェアセキュリティの会社を退職した役員がいた。彼女は15年間の勤務後に長期有給休暇を取った。会社はその後、彼女の退社について報告し、理由として、旅行とサイクリングがあまりにも楽しいため、彼女自身が復職しないことに決めたとしている。Linkedlnで彼女のプロフィールを見ると、この記事を書いている時点ではまだ長期有給休暇中のようだ。

アウトドアスポーツ用品と弾薬を販売するビスタ・アウトドアは、取締役会がクリス・メッツCEOに辞任を求めたと発表し、続けて次のように述べた。

2023年2月2日、ビスタ・アウトドア社（以下「ビスタ・アウトドア社」または「当社」）の取締役会は、クリストファー・T・メッツが財務報告および内部統制に関係しない理由で、リーダー

シップに対する信頼を失ったことに基づき、取締役会の要請によって、2023年2月1日付でCEOおよび取締役を辞任したことを発表した[36]。

　この会社の経営陣の交代をその後も追いかけていたら、わずか2週間後に最高法務責任者のディラン・ラムゼイも辞任したことに気づいただろう。

　ビスタ・アウトドアは、キャメルバック、ベル、ブッシュネルといった人気ブランドを含むアウトドア製品部門をスピンオフして、会社を分割しようとしていた。残る部門は軍・法執行機関・ハンター向けの弾薬部品の設計・製造・販売を行うスポーツ製品部門で、親会社に残る。メッツはアウトドア製品の新会社のCEOとして指揮を執ることになっていた。

　明らかに、スピンオフに関連して何かが狂ったのだろう。それが引き金となり、この2人の役員が退任した。この数カ月前の2022年10月、CFOは別の機会を求めて退社することを決めていた。

　経営陣がさまざまな理由で個別に辞任していくことはあるだろうが、インサイダーが大量に辞めたり、CEOが次々に交代した場合は、特に注意を払う必要がある。

　経営陣のメンバーが数カ月しか続かず、突然に退任したり次々と入れ替わったりした場合、すでにその会社の株を保有している長期投資家にとっては強い売りシグナルになる。また、これは表面化していない問題を抱える企業の空売りを狙う人々にも、シグナルとして使われる。

第7章 経営陣の交代

この章のまとめ

経営陣の交代の章を要約すると、次のようになる。

1. 経営陣の交代は企業の将来に不釣り合いなほど大きな影響を及ぼすことがある。

2. 投資に関するあなたの主張が、創業者が会社を率いることに基づいているのならば、創業者の退任に注意を払おう。特に取締役会の会長など別の役割で経営にかかわり続けるのでない場合に注意が必要である。

3. 突然の退任は危険信号とみなされ、空売り筋はその会社をフォローして、問題がひそんでいないか確認することが多い。突然の退任は、上場企業では驚くほど頻繁にある。ある会社で複数の役員が突然に退任することに気づくか、その理由に説得力がない場合は、その会社で何が起きているのか詳しく調べてみよう。

4. 経営者のパフォーマンスを測定するには、短期の株価のパフォーマンスではなく、ROEや利益率の上昇など、適切な尺度を使おう。前の会社での経営実績は、新しい会社でどういう業績を上げそうかを示している可能性がある。

5. CEOの報酬が高額すぎると、従業員の士気が下がる可能性がある。報酬に関する情報や、CEOの報酬と従業員の報酬の中央値を比べた報酬比率は、SECに提出された委任状説明書で確認できる。CEOの報酬が低い企業よりも高すぎる企業のほうが、株価のパフォーマンスが悪いことが示されている。

233

結論
CONCLUSION

　ギリシャの哲学者ヘラクレイトスは、「人生で唯一、不変なものは変化である」と言ったとされる。金融市場ほど、この言葉が当てはまるところはないだろう。金融市場に深くかかわるためには、生涯にわたって学び続ける必要がある。新しく設立された企業やまったく新しい業界や新興市場を理解するためには、新しいことを学び、自分のメンタルモデルを広げて、時には過去の教訓を学び直す必要がある。

　市場のもう１つの側面は、市場は周期的に動くものであり、多くの変化が起きるほど、同じことが繰り返されるということだ。私はボラティリティに関連したあるトレードを行うが、その機会はせいぜい10年に１回ぐらいである。スピンオフの章で触れたサージとオワーズによる調査は、40年近く前に観察されたスピンオフに関連する影響の一部が今日でも続いていることを示している点で注目に値する。合併アービトラージのような戦略でも同じことがあり、この戦略を使っている人たちは何十年もそれを使い続けている。

　イベントドリブン戦略を用いると、ほかの戦略では注目しなかった企業に注意が向くパターンが見えることがある。本書で取り上げ

235

ているさまざまな戦略はアイデア創出のための優れた原動力になるが、どのアイデアが投資に値するか、どのアイデアを監視リストに追加してさらに監視する必要があるか、どのアイデアをすぐに捨てるかを決めるには詳しい調査に勝るものはない。

本書を楽しく読み、イベントドリブン戦略がポートフォリオで景気後退期の対策の１つとして利用されるか、アイデア発掘の過程で役に立つことを願っている。

謝辞

このプロジェクトは本書で取り上げた戦略ごとに1つずつ、合計6つのツイッターのスレッドから始まった。ハリマン・ハウス社内で本書を支持し、インサイダー取引に関する章で私を導いてくれたクレイグ・ピアスに感謝したい。ビタリー・カツェネルソンとトビアス・カーライルによる温かい紹介がなければ、ピアスと知り合うことはなかっただろう。2人の寛大さに感謝する。編集者のニック・フレッチャーは、私がより良い著者になり、本書が現在の形になるのを助けてくれた。ありがとう。

私の妻、娘たち、バンダービルト大学のジョシュア・ホワイト博士、ブライアン・スターク、シュラバン・ポールなど、原稿執筆時に批評をしてくれた人たちに感謝したい。本書の最初の原稿を読んでポッドキャストに招待し、シリコンバレーで素晴らしい会話をしてくれたジェシー・フェルダーに感謝したい。

2005年にシーキング・アルファの初期の投稿者になることを許可してくれ、私の投資リサーチをより幅広い投資コミュニティーで伝え合う場を与えてくれたデビッド・ジャクソンに感謝したい。デイブ・キャロウエーは2000年代半ばという早い段階から意見をしてくれ、アナリストとして書くことと語り手として書くことの違いを理解させてくれた。私のキャリアの重要な局面で交友と指導と良き助言をしてくれたジェフ・ニブラー、ポール・グッドリッチ、ブラッド・ハンメルに感謝したい。そして何よりも、私をこの世に生んでくれ、家族を養い大好きなことを探求する機会を与えてくれた両親に感謝したい。

著者について

アシフ・スリア（Asif Suria）氏は、起業家兼投資家であり、合併アービトラージ、スピンオフ、合法的なインサイダー取引、自社株買い、SPACなどのイベントドリブン戦略に重点的に取り組んでいる。2005年というかなり早い時期からシーキング・アルファに投稿していた1人であり、彼の仕事はバロンズ、ダウ・ジョーンズ、BNNブルームバーグなどでよく紹介されている。

現在まで20年以上の投資歴がある。テクノロジー分野での経歴は、特にデータとプロセスの更新が必要なイベントドリブン戦略に関連しているため、投資プロセスに影響するツールの構築に役立っている。以前はインサイダー取引に特化したクオンツ運用の投資会社を経営していた。

サンフランシスコ・ベイエリアを拠点とするベンチャー企業の経営幹部だったことがあり、その経験は企業を設立し成長させる方法を理解するうえで非常に役立っている。

注

1. バートン・ビッグス著『ヘッジホッグ──アブない金融錬金術師たち』（日本経済新聞出版社）

2. ウィリアム・ソーンダイク著『**破天荒な経営者たち──８人の型破りなCEOが実現した桁外れの成功**』（パンローリング）

3. Frenkel, S., "What Are Spam Bots and Why They're an Issue in Elon Musk's Twitter Deal" (New York Times, July 11, 2022). Retrieved from : https://www.nytimes.com/2022/07/09/technology/elon-musk-twitter-spam-bots.html#:~:text=Since%2oit%2owent%2opublic%2oin,can%2opass%2oanti-spam%2otests

4. ジョエル・グリーンブラット著『**グリーンブラットのイベントドリブン投資法**』（パンローリング）

5. Leonard, J., et al. "China's Apple iPhone Ban Appears to Be Retaliation, US Says" (Bloomberg UK, September 13, 2023). Retrieved from https://www.bloomberg.com/news/articles/2023-09-13/china-s-apple-iphone-ban-appears-to-be-retaliation-us-says

6. Mitchell, M. and Pulvino, T., "Characteristics of Risk and Return in Risk Arbitrage" (Journal of Finance, October 2000). Retrieved from https://papers.ssrn.com/sol3/papers.cfm?abstract_id=268144

7. Dieudonne, S., Bouacha, S. and Cretin, F., "Macroeconomic Drivers Behind Risk Arbitrage Strategy"(October 1, 2020). Retrieved from https://papers.ssrn.com/sol3/papers.cfm?abstract_id=1705548

8. United States Securities and Exchange Commission, EDGAR Full Text Search : https://www.sec.gov/edgar/search/#/category=form-cat9

9. Bank of America, "Bank of America Corporation Announces Cash Tender Offers by BofA Securities, Inc. for Certain Outstanding Depositary Shares of Bank of America," (November 10, 2022). Retrieved from https://newsroom.bankofamerica.com/content/newsroom/press-releases/2022/11/bank-of-america-corporation-announces-cash-tender-offers-by-bofa.html

10. Einhorn, D., Sohn Investment Conference slides. Retrieved from https://www.10xebitda.com/wp-content/uploads/2016/11/Greenlight-Pioneer-Presentation-May-2015.pdf

11. デビッド・アインホーン著『**黒の株券──ペテン師に占領されるウォール街**』（パンローリング）

12. Pabrai, M., "Move Over Small Dogs Of The Dow, Here Come The Uber

Cannibals" (Forbes, December 26, 2016). Retrieved from https://www.forbes.com/sites/janetnovack/2016/12/22/move-over-small-dogs-of-the-dow-here-come-the-uber-cannibals/?sh=44ed7b5C7f92

13. United States Securities and Exchange Commission, Form 10-Q. Retrieved from https://www.sec.gov/ix?doc=/Archives/edgar/data/723612/000072361220000057/car-2020033110q.htm

14. Ikenberry, D., Lakonishok, J. and Vermaelen, T., "Market Underreaction to Open Market Share Repurchases" (Journal of Financial Economics, 29,2-3). Retrieved from https://www.sciencedirect.com/science/article/abs/pii/0304405X9500826Z

15. Chan, K., Ikenberry, D., Lee, I. and Wang, Y., "Share Repurchases as a Potential Tool to Mislead Investors" (Journal of Corporate Finance, 16, 2). Retrieved from https://papers.ssrn.com/sol3/papers.cfm?abstract_id=1485583

16. Hutton, A., Lee, L. and Shu, S., "Do Managers Always Know Better? The Relative Accuracy of Management and Analyst Forecasts" (Journal of Accounting Research, April 29, 2012). Retrieved from https://papers.ssrn.com/sol3/papers.cfm?abstract_id=2047107

17. Lazonick, W., "Profits Without Prosperity" (HarvardBusiness Review, September 2014). Retrieved from https://hbr.org/2014/09/profits-without-prosperity or https://www.ineteconomics.org/uploads/papers/LAZONICK_William_Profits-without-Prosperity-20140406.pdf

18. Greenspan, R., "Money for Nothing, Shares for Free: A Brief History of the SPAC" (May 1, 2021). Retrieved from https://papers.ssrn.com/sol3/papers.cfm?abstract_id=3832710

19. ジョエル・グリーンブラット著『グリーンブラットのイベントドリブン投資法』（パンローリング）

20. The World Bank, "Adjusted Net National Income Per Capita (Current US$)". Retrieved from https://data.worldbank.org/indicator/NY.ADJ.NNTY.PC.CD

21. Leonard, M., "Mylan $264 Million EpiPen Price-Gouge Deal Gets First Court Nod" (Bloomberg Law, March 14, 2022). Retrieved from https://news.bloomberglaw.com/antitrust/mylan-264-million-epipen-price-gouge-deal-gets-first-court-nod

22. Owers, J. and Sergi, B., "The Ongoing Contributions of Spin-off Research and Practice to Understanding Corporate Restructuring and Wealth Creation : $100 Billion in 1 Decade" (Humanities & Social Sciences Communications, June 03, 2021). Retrieved from https://www.nature.com/articles/s41599-021-00807-9

23. Hite, G. and Owers, J. "Security Price Reactions around Corporate Spin Off Announcements" Journal of Financial Economics, 12, 409-436).Retrieved from https://www.sciencedirect.com/science/article/abs/pii/0304405X83900429

24. Schipper K. and Smith, A. "Effects of Recontracting on Shareholder Wealth : The Case of Voluntary Spin Offs" (Journal of Financial Economics 12, 437-467). Retrieved from https://www.sciencedirect.com/science/article/abs/pii/0304405X83900430

25. Cusatis, P., Miles, J. and Woolridge, J., "Restructuring Through Spinoffs : The Stock Market Evidence" (Journal of Financial Economics, 33-3). Retrieved from https://www.sciencedirect.com/science/article/abs/pii/0304405X9390009Z?via%3Dihub

26. 同上

27. Berkshire Hathaway, Inc. Retrieved from https://www.berkshirehathaway.com/letters/1988.html

28 Ritholtz, B., "Transcript : Hubert Joly" Retrieved from https://ritholtz.com/2021/09/transcript-hubert-joly

29. Datarails, "CFOs and the C-Suite: Staying Power, Pay and Pain Points" Retrieved from https://www.datarails.com/research/cfostayingpower

30. Boone, A., Starkweather, A. and White, T., "The Saliency of the CEO Pay Ratio" (Review of Finance, November 11, 2019). Retrieved from https://papers.ssrn.com/sol3/papers.cfm?abstract_id=3481540

31. Mishel, L. and Kandra, J., "CEO Pay has Skyrocketed 1,322% Since 1978" (Economic Policy Institute, August 109, 2021). Retrieved from https://www.epi.org/publication/ceo-pay-in-2020/#:-:cext=From%2O1978%2Ot0%202020%2C%20CE0,l8.0%25%20from%20I978%20to%202020

32. MSCI, "Out of Whack: U.S. CEO Pay and Long-term Investment Returns" Retrieved from http://www.msci.com/ceo-pay

33. Batish, A, "New York Times 200 Highest-Paid CEOs" (Equilar, June 25, 2022). Retrieved from https://www.equilar.com/reports/95-equilar-new-york-times-top-200-highest-paid-ceos-2022

34. Oreskovic, A., "Marissa Mayer Blames Short Sighted Activist Investors for Causing Yahoo to Lose Out on Tens of Billions of Dollars of Upside by Selling Alibaba Stake" (Insider, April 18, 2018). Retrieved from http://www.businessinsider.com/marissa-mayer-blames-activist-investors-selling-yahoo-alibaba-stake-2018-4

35. Leder, M., Financial Fine Print : Uncovering a Company's True Value (Wiley,

2003).

36. United States Securities and Exchange Commission, Form 9-K. Retrieved from https://www.sec.gov/ix?doc=/Archives/edgar/data/1616318/000095015723000069/form8-k.htm

■監修者紹介
長岡半太郎（ながおか・はんたろう）
放送大学教養学部卒。放送大学大学院文化科学研究科（情報学）修了・修士（学術）。日米の銀行、CTA、ヘッジファンドなどを経て、現在は中堅運用会社勤務。2級ファイナンシャル・プランニング技能士（FP）。『ルール』『その後のとなりの億万長者』『IPOトレード入門』『株式投資　完全入門』『知られざるマーケットの魔術師』『パーフェクト証券分析』『バリュー投資達人への道』『新版　バリュー投資入門』『鋼のメンタルトレーダー』『投資の公理』『株式市場のチャート分析』『ミネルヴィニの勝者になるための思考法』『アルゴトレード完全攻略への「近道」』『長期的投資の醍醐味「100倍株」の見つけ方』『株式投資のテクニカル分析補完計画』『無敵の「プライスアクション＋価格帯別出来高」FXトレード』『システムトレード　基本と原則【実践編】』『バフェットからの手紙【第8版】』『ロジャー・マレーの証券分析』『漂流アメリカ』『モンスター株の売買戦術』『証券分析 第6版』『隠れた「新ナンバーワン銘柄」を見つける方法』『マルチタイムフレームを使ったテクニカルトレード』『桁外れの投資家たち』など、多数。

■訳者紹介
山口雅裕（やまぐち・まさひろ）
早稲田大学政治経済学部卒業。外資系企業などを経て、現在は翻訳業。訳書に『フィボナッチトレーディング』『規律とトレンドフォロー売買法』『逆張りトレーダー』『システムトレード　基本と原則』『一芸を極めた裁量トレーダーの売買譜』『裁量トレーダーの心得　初心者編』『裁量トレーダーの心得　スイングトレード編』『コナーズの短期売買戦略』『続マーケットの魔術師』『アノマリー投資』『シュワッガーのマーケット教室』『ミネルヴィニの成長株投資法』『高勝率システムの考え方と作り方と検証』『コナーズRSI入門』『3％シグナル投資法』『成長株投資の神』『ゾーン　最終章』『とびきり良い会社をほどよい価格で買う方法』『株式トレード　基本と原則』『金融市場はカジノ』『「恐怖で買って、強欲で売る」短期売買法』『「株で200万ドル儲けたボックス理論」の原理原則』『ルール』『知られざるマーケットの魔術師』『財産を失っても、自殺しないですむ方法』『ミネルヴィニの勝者になるための思考法』『システムトレード　基本と原則【実践編】』『モンスター株の売買戦術』『全天候型トレーダー』（パンローリング）など。

本書の感想をお寄せください。

お読みになった感想を下記サイトまでお送りください。
書評として採用させていただいた方には、
弊社通販サイトで使えるポイントを進呈いたします。

https://www.tradersshop.com/bin/apply?pr=3179

2025年4月3日 初版第1刷発行

ウィザードブックシリーズ ㊳

イベントドリブン投資入門
―― 市場を上回るパフォーマンスを上げる６つのスペシャルシチュエーション

著　者	アシフ・スリア
監修者	長岡半太郎
訳　者	山口雅裕
発行者	後藤康徳
発行所	パンローリング株式会社
	〒 160-0023　東京都新宿区西新宿 7-9-18　6階
	TEL 03-5386-7391　FAX 03-5386-7393
	http://www.panrolling.com/
	E-mail　info@panrolling.com
編　集	エフ・ジー・アイ（Factory of Gnomic Three Monkeys Investment）
装　丁	パンローリング装丁室
組　版	パンローリング制作室
印刷・製本	株式会社シナノ

ISBN978-4-7759-7336-3

落丁・乱丁本はお取り替えします。
また、本書の全部、または一部を複写・複製・転訳載、および磁気・光記録媒体に
入力することなどは、著作権法上の例外を除き禁じられています。

本文　©Yamaguchi Masahiro／図表　©Pan Rolling 2025 Printed in Japan